Johanna Buchegger

Systemische Supervision, Coaching und Organisationsentwicklung

Johanna Buchegger

Systemische Supervision, Coaching und Organisationsentwicklung

für psychosoziale Berufe - Franziska und die Unterschiede

Trainerverlag

Imprint

Cover image: www.ingimage.com

Publisher:
Der Trainerverlag
is a trademark of
Dodo Books Indian Ocean Ltd. and OmniScriptum S.R.L publishing group

120 High Road, East Finchley, London, N2 9ED, United Kingdom
Str. Armeneasca 28/1, office 1, Chisinau MD-2012, Republic of Moldova, Europe
Managing Directors: Ieva Konstantinova, Victoria Ursu
info@omniscriptum.com

Printed at: see last page
ISBN: 978-3-8417-5046-4

INHALTSVERZEICHNIS

„Ich beschloss, in diesem Buch meine frühere Strategie ... umzukehren: *Stattdessen würde ich die Geschichte in den Mittelpunkt stellen* und dafür sorgen, dass sich das theoretische Material daraus ergab. Material hatte ich in Hülle und Fülle.“ (vgl. Yalom 2003: 116f.).

EINLEITUNG

„Narrative Therapie geht davon aus, dass wir unsere Erfahrungen mittels der für unsere Identität maßgeblichen Geschichten interpretieren." (Vgl. Kronbichler 2001: 3. In SYSTEME, Zeitschrift der Österreichischen Arbeitsgemeinschaft für systemische Therapie und systemische Studien 2001: 3ff).

Wer ist Franziska und um welchen Unterschied geht es?

Wer ist Franziska und um welchen Unterschied geht es? Was zeichnet sie als Hauptdarstellerin der vorliegenden Arbeit aus und warum habe ich sie dazu erwählt? Ist sie Realität oder existiert sie nur im Bereich von Phantasie und Fiktion?

In den Jahren meiner Ausbildung und Tätigkeit im psychosozialen Berufsfeld habe ich viele verschiedene Arten von Supervision erlebt und habe unzählige Supervisorinnen/Supervisoren, aber auch Coaching und Organisationsentwicklung kennen gelernt. In den meisten Fällen habe ich diese Erfahrungen als sehr hilfreich erlebt. In meiner bisherigen Bilanz muss ich jedoch auch feststellen, dass es Ausnahmen gab, die ich beim besten Willen weder als hilfreich, sinnvoll noch unterstützend empfunden habe.

Warum gelingt der Beratungsprozess in einem Fall und warum ist er andernorts dazu verurteilt, zu scheitern? Wo liegt der Unterschied, der jeweils dazu führt? Welche Einflussfaktoren sind dafür maßgeblich? Ist es eine Frage des jeweiligen fachlichen Ansatzes und der dazugehörigen Schule oder liegt es ebenso an der Persönlichkeit der Beraterin/des Beraters oder an gegenseitigen Sympathiewerten?

Welche Schlüsse muss ich selbst als Supervisorin, als Coach und als Organisationsentwicklerin daraus ziehen? Welche Rahmenbedingungen tragen zu einem Gelingen oder Scheitern bei? In welchem Kontext begebe ich mich überhaupt in einen Beratungsprozess, wo ist er indiziert, ja unerlässlich zur Sicherung einer fachlichen Integrität?

Franziska ist Fiktion und Realität zugleich. Sie dient der Reflexion meiner bisherigen Erfahrungswerte und wird von mir in diese Arbeit entsendet, um die Kriterien und verschiedenen Tätigkeitsfelder gelungener Beratungsprozesse neu zu entdecken.

Ebenso wird sie erfahren, woran es liegen kann, wenn etwas nicht gelingt. Sie wird spüren, wenn beispielsweise die „Chemie“ nicht stimmt oder fachliche Werte auseinanderdriften und sie wird den Unterschied zwischen allgemeinen Kriterien und der systemischen Haltung erleben.

Der Idee folgend, die verschiedenen praktischen Anwendungsfelder von (systemischer) Supervision, Coaching und Organisationsentwicklung innerhalb eines klassischen psychosozialen Berufswegs zu beleuchten, war mir die Entwicklung der Figur Franziska äußerst hilfreich. Franziska dient meiner Reflexion, ist jedoch keine autobiographische Gestalt. Sie unterscheidet sich grundlegend von meiner Person, nur unser beruflicher Werdegang weist immer wieder Parallelen auf.

Das vorliegende Werk umfasst sowohl theoretische Erkenntnisse, als auch praktische Erfahrungen und Beobachtungen. Dass das Spektrum jedes einzelnen Kapitels eine eigene umfassende Abhandlung verdient hätte, ist mir bewusst und ich bitte um Nachsicht dafür, dass dem innerhalb dieses Buches nicht Folge geleistet werden kann.

In der Verfassung dieser Arbeit, die mir viel Spaß bereitet hat, habe ich mich bemüht, die Dinge so zu (be-) schreiben, dass sie mir und hoffentlich auch den Lesenden verständlich sind und werden können.

FRANZISKA

Franziska wird zu Beginn der neunzehnhundertsiebziger Jahre in einem Weinbaugebiet eines österreichischen Bundeslandes geboren. Umgeben von Kellergassen und Weinbergen ist sie es von Beginn an gewöhnt, im Weinbaubetrieb ihrer Eltern mitzuarbeiten.

Franziska ist das Drittgeborene von vier Kindern und hat speziell zu ihrer ein Jahr jüngeren Schwester Gerlinde eine besonders nahe Beziehung. Ihr ältester Bruder Karl ist fast zehn Jahre älter als sie und soll den Betrieb der Eltern später einmal übernehmen. Franziska findet nur wenig Zugang zu ihm, zu viele Jahre trennen sie.

Der mittlere Bruder Bernd, sechs Jahre älter als Franziska, ist jähzornig und unberechenbar und spricht schon früh dem Alkohol zu. Als er dreizehn wird, kommt er das erste Mal in Konflikt mit dem Gesetz, danach drohen aufgrund weiterer Vorfälle Heimunterbringung und Jugendgefängnis. Im Alter von fünfzehn Jahren kommt Bernd in ein großes Lehrlingsheim, mit siebzehn Jahren verbüßt er seine erste Jugendgefängnisstrafe.

Ohne die direkte Anwesenheit ihres gewalttätigen Bruders wachsen Franziska und Gerlinde relativ unbehelligt heran. Karl arbeitet bereits voll im Betrieb der Eltern, Franziska und Gerlinde besuchen die örtliche Hauptschule. Mit den Eltern gibt es wenig gemeinsame Zeit, da diese vollauf mit ihrer Arbeit beschäftigt sind. Das Konfliktpotential zwischen den Geschwistern und Eltern ist im Großen und Ganzen ebenfalls gering, meistens zieht Bernd die gesamt elterliche Aufmerksamkeit auf sich.

Der Klassenlehrerin fällt Franziskas Umgang mit den anderen Mitschülerinnen und Mitschülern auf. Franziska versucht immer wieder, sich für andere einzusetzen. Da sie im Grunde jedoch ein schüchternes Wesen hat, fällt es ihr nicht leicht, auf andere zuzugehen.

Sie selbst ist am Höhepunkt ihrer Jugendjahre und deren existentiellen Nöten angelangt. Sie vertraut sich ihrer Klassenlehrerin an und erfährt völlig unerwartete und ungewohnte Unterstützung. Franziska beschließt, später einmal genauso zu werden, wie diese Lehrerin.

Franziskas Eltern können dem Berufswunsch Lehrerin nur wenig abgewinnen. Doch als es Zeit ist, an eine weiterführende Berufsausbildung zu denken, wird Franziska aufgrund ihrer guten Noten zumindest die Möglichkeit des Maturaabschlusses an einer Handelsakademie in einer nahe gelegenen Großstadt eingeräumt.

Da der Weg von dort zu weit ist, um nach Hause zu pendeln, verbringt Franziska die nächsten Jahre im Internat und kommt nur mehr an den Wochenenden und in den Ferien nach Hause. Sie versucht, die schmerzhaften Trennungen von ihrer Schwester und ihrer Lehrerin zu überwinden und ihrer neu gewonnenen Freiheit von zu Hause auch Positives abzugewinnen. Sie freundet sich mit anderen Mitschülerinnen an, ihr weiteres berufliches Schicksal liegt jedoch immer noch im Unklaren.

Nun kommt es zum den ersten großen, offenen Konflikt mit den Eltern, da Franziska sich weigert, nach Beendigung der Schule in den Heimatort zurückzukehren und dort entweder im Weinbaubetrieb mitzuarbeiten, oder eine Laufbahn als Ehefrau und Mutter einzuschlagen.

Der Berufswunsch Lehrerin hat sich hartnäckig in ihr verankert, auch hat sie mittlerweile von der Möglichkeit gehört, sich zur Sozialarbeiterin ausbilden zu lassen. Franziska beginnt sich zu informieren und stellt fest, dass es eine Akademie für Sozialarbeit[1] *in der nahegelegenen Landeshauptstadt gibt. Sie erfährt, dass ein umfangreiches Aufnahmeverfahren an der Akademie vorgesehen ist, um die Eignungen der Bewerberinnen und Bewerber genau zu prüfen.*

Ohne das Wissen ihrer Eltern bewirbt sich Franziska an der Akademie für Sozialarbeit. Blutjung, mit nur wenig Lebenserfahrung und einem hohen Maß an Idealismus wird sie zunächst abgelehnt. Es wird ihr nahegelegt, vor einem neuerlichen Aufnahmeversuch ein „soziales Jahr" einzulegen, um erste Erfahrungen im Sozialbereich sammeln zu können.

Resigniert und bitter enttäuscht kehrt Franziska in ihren Heimatort zurück, arbeitet vorerst doch im Betrieb ihrer Eltern und bemüht sich um ein Praktikum in regionalen Sozialeinrichtungen. Sie versucht, bei Organisationen, die mit Kindern und Jugendlichen zu tun haben, Fuß zu fassen, bekommt jedoch nur im Seniorenheim des nächst größeren Ortes die Möglichkeit, im Arbeitsalltag mitzuhelfen.

Franziska, jahrelang die meiste Zeit von ihrer Familie getrennt, findet kaum mehr Zugang zu ihrem Heimatort. Viele ihrer ehemaligen Freundinnen haben bereits geheiratet und Kinder bekommen, viele sind weggezogen, in Nachbarorte oder in die nahe gelegenen Großstädte.

---

[1] Heute: Fachhochschule für Soziale Arbeit

Ihr ältester Bruder hat ein eigenes Haus gebaut und bereits drei Söhne. Bernd ist nach seinen „wilden Jahren" wieder bei den Eltern eingezogen, die nun seinen Lebensunterhalt finanzieren, da er sich weigert, einer Beschäftigung nachzugehen.

Nur zur geliebten Schwester Gerlinde scheint das Band nicht ganz abgerissen zu sein. Gerlinde hat eine Lehre zur Bürokauffrau absolviert und ist bislang an den Versuchen gescheitert, eine Anstellung in der Heimatregion zu finden. Nachdem sie auch noch nicht verheiratet ist, hilft sie wieder im Betrieb der Eltern mit.

Da nun drei der vier mittlerweile erwachsenen Kinder wieder zu Hause leben, bleiben die Konflikte nicht lange aus. Franziska flüchtet sich, sooft sie kann, in das Seniorenheim, um den häuslichen Spannungen zu entgehen. Sie weiß, dass das keinesfalls eine dauerhafte Situation für sie sein kann und darf. Sie findet in ihrer Schwester eine Verbündete, doch fehlt ihnen noch der Mut für weitreichende eigene Entscheidungen.

Im Seniorenheim trifft Franziska auf sehr belastende Umstände, aber äußerst einnehmende Menschen. Das Personal ist durch finanzielle Kürzungen ständig chronisch überlastet, die alten Menschen dadurch weitgehend unterversorgt. Franziska packt an, wo sie nur kann und freundet sich sowohl mit dem Personal als auch mit den Patientinnen und Patienten an.

Sie engagiert sich auch in ihrer Freizeit und bald verbringt sie mehr Zeit im Seniorenheim, als zu Hause. Die Mitarbeiterinnen und Mitarbeiter des Heims sehen wohl das übergroße Engagement Franziskas, doch sind sie selbst zu erschöpft und zu froh über weitere kostenlose Unterstützung, als Franziska zu ihrem eigenen Schutz darauf anzusprechen.

Fachliche Begleitung oder gar Supervision steht nicht einmal den Angestellten zu Verfügung, und somit schon gar nicht Jenen, die sich ehrenamtlich engagieren.

Nach einigen Monaten fühlt sich Franziska trotz ihres jungen Alters zunehmend erschöpft und ausgebrannt. Die Situation zu Hause spitzt sich unerträglich zu, der eigene Berufsweg scheint völlig offen und in der Tätigkeit im Seniorenheim muss sie neben der vielen Arbeit und dem Druck auch noch mit den Todesfällen zurechtkommen, die sie besonders schwer belasten.

Ein Ausweg aus dieser bedrückenden Situation scheint fast unmöglich und kommt doch genau zur rechten Zeit: durch Ausfälle bei den Bewerbungen ist Franziska auf der Warteliste der

Sozialakademie nun doch als Ausbildungskandidatin nachgerückt. Jetzt kann sie nichts mehr halten, weder die Einwände ihrer Eltern, noch die Vorwürfe des Personals im Seniorenheim, sie im Stich zu lassen. Zwar plagen sie der Abschied von den alten Menschen und eigene Zukunftsängste sehr, doch ist sie sicher, dass sie diese Schritte nun wagen muss.

Sie beschließt, mit Gerlinde in die Großstadt zu ziehen. Gerlinde erwartet sich dort wesentlich bessere Arbeitschancen und könnte mit Franziska gemeinsam in einer kleinen Wohnung leben. Da sich die Eltern vorerst noch weigern, diese Pläne zu finanzieren, ist Franziska darauf angewiesen, zusätzlich zur Ausbildung einen Job anzunehmen.

Gerlinde und sie beziehen kurz vor dem Sommer eine winzige Wohnung in der Stadt. Franziska versucht, einen Job als Kellnerin zu finden, da ihre Ausbildung, die im Herbst beginnt, untertags stattfinden wird. Gerlinde findet nach drei Wochen Arbeitssuche eine befristete Anstellung als Bürokraft in einem kleinen kaufmännischen Betrieb. Beide blicken einer völlig neuen Zukunft entgegen.

Als der September naht, steigert sich Franziskas Nervosität. Kaum hat sie sich ein paar Wochen an dem noch fremden Ort eingelebt, hat sie einen Job als Kellnerin in einem nahegelegenen Gasthaus ergattert. Da es sich um einen Studentenjob handelt, gibt es Probleme mit der Anmeldung, was sie vor ihren Eltern verheimlicht, da dies nur zu neuen Konflikten führen würde.

In der kleinen Wohnung erleben Gerlinde und Franziska ein noch nie zuvor gekanntes Gefühl der Freiheit.

Außerdem ist Franziska das erste Mal verliebt. Harald, ein Student der Politikwissenschaft und zu dieser Zeit Zivildiener, verstrickt sie in lange Diskussionen über ihren zukünftigen Berufswunsch. Sei sie tatsächlich bereit, als Sozialarbeiterin eine „Handlangerin des Staates" zu werden?

Franziska erlebt einen Sommer voller Widersprüche und großer Gefühle. Trotz Haralds flammender Reden hält sie an ihrem Vorhaben fest, Sozialarbeiterin zu werden. Obwohl sie es nicht zugibt, nagen jedoch Zweifel an ihr. Was, wenn diese Kritik an ihrem zukünftigen Berufsstand tatsächlich berechtigt ist?

„ETWAS MIT MENSCHEN…“
Die Psychosoziale Ausbildung

Franziska

Anfang September ist es soweit. Die Ausbildung beginnt. Franziska wird einer Klasse mit zwanzig Studenten und Studentinnen zugeteilt, die nahezu alle um einige Jahre älter als sie sind. Manche haben bereits Familiengründung oder gar Scheidung hinter sich, andere haben schon vollständige Berufsausbildungen und Berufskarrieren absolviert und wollen sich nun einem neuen Berufsweg zuwenden.

Franziska fühlt sich verloren in dieser Gruppe und versucht, mit Gleichgesinnten in Kontakt zu kommen. Sie findet Sabine und Konstanze, die in ihrem Alter sind und ebenfalls vor elterlichen Erwartungen und ländlichen Familienbetrieben geflüchtet sind.

Alle drei beschließen, das erste zweiwöchige Pflichtpraktikum im Bereich der Sozialarbeit mit Kindern und Jugendlichen zu absolvieren. Konstanze erhält ein Praktikum im Spitalsbereich, Sabine in einem Jugendzentrum und Franziska bekommt die Möglichkeit, die zwei vorgeschriebenen Wochen in einem Kinderheim zu verbringen.

Alle drei müssen sowohl an der Praktikumsstelle von einer dort zuständigen Person betreut werden und außerdem verpflichtend an einer Gruppensupervision an der Akademie teilnehmen, die sich „Praxisseminar“ nennt.

Als Franziska ihr Praktikum in dem Kinderheim antritt, ist ihr nicht bewusst, was auf sie zukommen wird. Sie kennt den Begriff des „Heims“ bislang ausschließlich durch ihren Bruder Bernd. Einerseits ist sie sehr neugierig, wie es in so einem Heim tatsächlich zugeht, andererseits tauchen unangenehme familiäre Erinnerungen auf, über die sie eigentlich nur mit ihrer Schwester reden kann, da sie sich dieses Teils ihrer familiären Vergangenheit schämt.

Franziska empfindet ein tiefes Gefühl der Ungerechtigkeit und Mitleid mit den Kindern, die nicht bei ihren Eltern leben können. Ihrer Praktikumsbetreuerin scheint dies überhaupt nicht zuzusetzen, routiniert spult sie ihr Programm ab.

Sie ist eine ungefähr fünfzigjährige Frau, die einer anderen Epoche der „Jugendfürsorge" zu entstammen scheint. Sie hält die Verbindung zwischen den ihr zugeteilten Heimen und organisiert sogenannte „Fallverlaufkonferenzen", bei denen ein Kind nach dem anderen abgehandelt wird. Franziska ist verwirrt und verstört durch die Fülle der dramatischen Einzelschicksale Sie kann sich beim besten Willen nicht vorstellen, sich jemals an so ein Ausmaß an Elend und Not gewöhnen zu können.

Ihre Praktikumsbetreuerin sieht ihren Auftrag, das Praktikum Franziskas zu begleiten, darin erfüllt, die organisatorischen Abläufe und deren möglichst effiziente Erledigung zu demonstrieren. Es ist möglich, dass sie Franziskas angegriffenen Zustand bemerkt, doch sieht sie ihre Aufgaben vermutlich nicht darin, sich damit auseinander zu setzen.

Im Praxisseminar, das in der Akademie abgehalten wird, sollen die Studenten und Studentinnen von ihren Praktika berichten und sich sowohl bei der Leiterin des Seminars, als auch untereinander Hilfe und Unterstützung holen. Doch wie soll Franziska dies umsetzen? Einerseits schämt sie sich ihrer familiären Vergangenheit und würde nie so öffentlich vor ihr sowieso schon fremden Leuten darüber sprechen, mit denen sie noch dazu das Klassenzimmer teilt.

Andererseits hat sie das Gefühl, das hier kein Platz für offene persönliche Gespräche ist. Wenn sie den anderen zuhört, so bekommt sie den Eindruck, als hätten diese keinerlei ähnlichen Probleme wie sie. Themen sind ausschließlich strukturelle und politische Missstände an den Praktikumstellen. Und somit sprechen sie stundenlang über Sozialpolitik und ungerechte Praktikums-Bedingungen, Franziskas Zustand bleibt stumm und unbemerkt.

Franziska ist es in den ersten Monaten ihrer Ausbildung nur sehr schwer möglich, über ihre Gefühle zu sprechen. Bei den angebotenen Reflexionsforen kann sie keinen Platz dafür finden.

Als sie zunehmend Vertrauen zu Sabine und Konstanze fasst, schafft sie es, zunächst einmal mit ihnen darüber zu reden. Sie findet heraus, dass es beiden ähnlich geht. Zwar plagen sie nicht dieselben Probleme, doch haben auch die beiden anderen mit ähnlichen Phänomenen zu kämpfen.

Franziska besucht noch einige Praktika, bevor sie schlussendlich ein Langzeitpraktikum in einer Wohngemeinschaft für geistig behinderte Erwachsene antritt. Dort lernt sie Britta, ihre neue Praktikumsbetreuerin kennen, die bereits jahrelange Berufserfahrung hat. Da beide einander auf Anhieb sehr sympathisch sind, entsteht schnell ein Vertrauensverhältnis.

Britta nimmt sich Franziskas an und legt ihr nahe, sich psychotherapeutische Hilfe für ihre familiäre Auseinandersetzung und deren Aufarbeitung zu suchen. Sie macht Franziska deutlich, dass es für ihren zukünftigen Beruf hinderlich und belastend sein kann, wenn sie diese Phänomene ignoriert.

Die an der Akademie verpflichtenden therapeutischen Selbsterfahrungswochen finden gemeinsam mit allen Klassenkolleginnen/Klassenkollegen statt, zu denen Franziska kein Vertrauen für ihre persönlichen Konflikte finden kann. Sie absolviert diese Veranstaltungen mit einem hohen Ausmaß an Unbehagen und sucht sich eine Psychotherapeutin ihres Vertrauens außerhalb der Akademie, die sie auch selbst finanziert.

Zwar wird ihr Budget dadurch immer enger, ihr Gefühlschaos jedoch mit der Zeit deutlich besser. In einer Gesprächstherapie setzt sich Franziska mit ihrer familiären Situation und Vergangenheit auseinander. Sie erkennt, dass nicht nur ihr Bruder Bernd, sondern auch ihre Mutter ein massives, aber in ihrem Fall verstecktes Alkoholproblem hatte.

Neben Bernd gibt es noch vieles anderes, das Franziska beschäftigt, wie die Beziehung zu ihren Eltern, ihrem ältesten Bruder und frühe Trennungen von geliebten Personen. Sie versucht, ihre eigenen Erfahrungen von denen der ihr anvertrauten Personen zu unterscheiden.

Durch die supervisorische Begleitung von Britta lernt sie erstmals, dass Mitleid keine gesunde und professionelle Basis für eine hilfreiche Betreuung von Klientinnen/Klienten sein kann. Mit Britta ist es ihr möglich, schwierige Situationen mit Klientinnen/Kienten zu besprechen, sie merkt jedoch auch, dass sich mit der Zeit das Ungleichgewicht ihrer Beziehung manifestiert.

Es scheint nur schwer zu gelingen, auf dieser Basis eine gleichwertige Freundschaft zu etablieren. Als das Langzeitpraktikum endet, hat Franziska enorm viel profitiert. Eine Weile halten sie und Britta noch Kontakt, dann verläuft sich jedoch ihre Beziehung nach und nach immer mehr.

In dieser intensiven Zeit der Auseinandersetzung mit der familiäreren Vergangenheit und dem zukünftigen Beruf kommt es zu Spannungen mit Franziskas Schwester. Gerlinde kann einer therapeutischen Konfrontation mit der Vergangenheit nicht viel abgewinnen, Franziskas neuen Fachjargon empfindet sie als gekünstelt und entbehrlich.

Die Wohnsituation wird zunehmend kritischer, vor allem, nachdem sich Gerlinde mit Christoph verlobt, der ebenfalls mit Franziskas Branche nicht viel anfangen kann. Letztlich kommt es dazu, dass Gerlinde zu Christoph zieht und beide heiraten. Da sich Franziska ihre Miete alleine nicht leisten kann, bietet sie Sabine, die gerade auf Wohnungssuche ist, an, bei ihr einzuziehen.

Begriffsdefinition: Supervision

Supervision stellt eine spezifische Form der Beratung dar, die zur Reflexion und zur Lösungssuche von Interaktionsproblemen dient, die im Rahmen des beruflichen Kontextes entstehen. Dies ist etwa das Wechselspiel der beruflichen Rolle mit der Klientel, dem Arbeitsteam, der Institution oder der Gesellschaft an sich (vgl. dazu etwa Neumann-Wirsig 2009 [Hrg.] und Theuretzbacher/ Nemetschek 2009).

Bei den meisten Fachleuten, die sich mit der Begriffsdefinition von Supervision befassen, besteht Einigkeit darüber, dass es sich bei Supervision um einen Raum handelt, in dem berufliche Probleme reflektiert werden.

Die Methoden und Themen einer solchen Reflexion können sich je nach fachlicher Ausrichtung unterschiedlich gestalten und orientieren sich grundsätzlich im Rahmen folgender Reflexionsfelder (Vgl. Linke 2002: 31 in Vogt-Hillmann/ Eberling/Dahm/Dreesen [Hrg.] 2002: 23ff):

- Die Sozialisation und Biographie der Supervisandin/des Supervisanden
- Das Wirken innerhalb ihrer/seiner Persönlichkeit in ihrem/seinem beruflichen Arbeitsfeld
- Die fachlichen und persönlichen Bezüge der Supervisandin/des Supervisanden, die zu ihrem/seinem beruflichen Selbstverständnis führen
- Das Beziehungsverhalten der Supervisandin/des Supervisanden gegenüber ihren/seinen Klientinnen/Klienten, Kolleginnen/Kollegen, Vorgesetzten und anderen Supervisions-teilnehmerinnen/Supervisionsteilnehmern.[2]
- Die Einflüsse der Institution auf die Supervisandin/den Supervisanden, ihre/seine eigenen Ansprüche an ihre/seine Arbeit und ihre/seine Abgrenzungsstrategien

[2] Hier spielen gegenseitige Rollenzuschreibungen und der Umgang mit Abhängigkeits- und Machtbeziehungen eine Rolle (vgl. ebenda: 31).

Supervision kann im Einzel- oder Gruppensetting, in Form von Team- oder fallbezogener Beratung stattfinden, oder den Fokus auf die Organisation richten. Sie wird in verschiedensten Kontexten angewandt, wie zum Beispiel in klinischen, sozialen, pädagogischen, psychologischen, oder auch wirtschaftlichen Arbeitsfeldern.

Begriffsdefinition: Systemische Supervision

Systemische Supervision richtet sich in ihrer allgemeinen Haltung und in ihrer methodischen Ausrichtung nach den Grundsätzen der systemischer Theorie und Therapie (vgl. dazu etwa Theuretzbacher/Nemetschek 2009 und Ebbecke-Nohlen 2009). Sie basiert in ihrer Ausführung auf systemischen Ansätzen (vgl. dazu auch Schlippe/Schweizer 2003 und Neumann 2006) und richtet ihren Fokus auf Kontextklärung und Zielorientierung, wobei sie methodisch zum Beispiel in Form von zirkulären, reflexiven, ressourcen- und lösungsorientierten Fragen, Reframen, Externalisieren, Verwendung von Genogrammen, Skulpturen, Aufstellungen und vielerlei weiteren systemisch orientierten Methoden am Auftrag und Ziel, sowie den Ressourcen und Lösungsansätzen der Kundinnen/Kunden arbeitet.

Systemische Supervision schafft die Möglichkeit, mit einer außen stehenden Person Aspekte zu reflektieren, mit denen sich die Supervisandin/der Supervisand auseinandersetzen möchte, soweit sie sich auf das Arbeitsfeld, oder die Fort- und Weiterbildung beziehen, ohne zugleich daraus handlungsrelevante Konsequenzen ziehen zu müssen (vgl. Simon 1993: 39 ff).

Die systemische Supervision richtet sich dabei nach den Zielen und Aufträgen der Supervisandin/des Supervisanden und legt ihren Fokus auf operationalisierbare Zielzustände und Ressourcen, die den Weg dorthin ermöglichen und erleichtern (vgl. Hargens 2002: 56. In Vogt-Hillmann/Eberling/Dahm/Dreesen [Hrg.] 2002: 51ff):

Systemische Supervision orientiert sich an systemischen Grundsätzen, die sich in der direkten Arbeit in folgenden Haltungen der „10 Gebote eines systemischen Supervisors“ widerspiegeln (vgl. Brandau 1996 29f. in: Brandau [Hrg] 1996: 11ff):

„1. Du sollst Systemen respektvoll und als neugierig Lernender begegnen
2. Du sollst aus der Balance zwischen Wissen und „Nichtallwissender Demut“ handeln
3. Du sollst mit deinen Partnern eine Koevolution von kreativen Ideen und Visionen ermöglichen!

4. Du sollst Wege aus der Problemhypnose zur Lösungstrance anbieten
5. Du sollst prinzipiell zukunftsorientiert und mit möglichkeitserweiternden Impulsen arbeiten!
6. Du sollst hauptsächlich solche Fragen stelle, welche die Reflexivität, eigene Kreativität und Lernfähigkeit des Systems fördern!
7. Du sollst einen Kontext schaffen, in dem die kreative Eigendynamik des Systems genützt und seine Autonomie gefördert wird
8. Du sollst die Kunst des Dialogs so beherrschen, dass Raum für neues Erforschen und präziseres Wahrnehmen entsteht
9. Du sollst es dem System ermöglichen, sich selbst aus unterschiedlichen Perspektiven neugierig zu reflektieren!
10. Du sollst durch dein Tun einen Unterschied machen, der wirklich einen Unterschied macht!

Andernfalls ist die Supervision zu verändern oder zu beenden!“ (vgl. ebenda)

Praktikumssupervision innerhalb der psychosozialen Ausbildung

Praktikumssupervision innerhalb der Ausbildungsinstitution

Wenn man sich mit der gängigen Fachliteratur befasst, muss man bald erkennen, dass in unseren Lehrbüchern zwar nahezu jede Art von Supervision behandelt, beleuchtet und definiert wird, nur kaum jene, der wir als erstes begegnen, wenn wir noch ganz am Anfang stehen. Wenn wir - zumeist irritiert und verwirrt – gerade erst beginnen, uns und unser zukünftiges Berufsbild zu entdecken und Stück für Stück für uns zu erschließen.

Es erscheint tatsächlich erstaunlich, dass dieser so wichtigen Form der Begleitung - neben der Aufschlüsselung der notwenigen Stunden und ähnlichen organisatorischen Fragen - sowenig inhaltliche Aufmerksamkeit zukommt. Wir erleben sie doch in einer sehr heiklen und sensiblen Phase, in der unsere zumeist noch wenig reflektierte und komplexe Persönlichkeit mit einer zu erwerbenden professionellen Haltung zu unserer zukünftigen Klientel zusammentreffen soll.

Ebenso muss die (davon deutlich abzugrenzende) psychotherapeutische Selbsterfahrung der eigenen Person, die während der Ausbildungszeit zu absolvieren ist, dahingehend beleuchtet werden. Auch diese bedarf eingehender, sinnvoller und effizienter Rahmenbedingungen, um unsere zukünftigen

Kolleginnen/Kollegen hinreichend, fair und nachdrücklich auf die Besonderheiten unseres Berufsstandes vorzubereiten.

Für beide Felder, die der psychotherapeutischen Selbsterfahrung und der Praktikumssupervision, sollten ähnliche förderliche Kriterien zu Verfügung gestellt werden, die zunächst einmal die Entwicklung eines Vertrauensverhältnisses ermöglichen und die Intimsphäre der Ausbildungskandidatin größtmöglich gewährleisten.

Dies kann meiner Ansicht nach dadurch erschwert werden, wenn alle Bereiche zusammentreffen und sowohl die Praktikumssupervision, als auch die Selbsterfahrung ausschließlich gemeinsam mit den Klassenkolleginnen/Klassenkollegen und womöglich noch durch eine Person des Lehrkörpers der Schule durchgeführt werden sollen.

Die Entwicklung von Rollenkonfusion, Irritation und Vermischung aller wesentlichen Ebenen kann dadurch gestärkt und gefördert, die Entwicklung eines Rollenverständnisses und einer Vertrauensbasis deutlich minimiert werden.

Der/dem auszubildenden Studentin/Student muss neben der Begleitung an der Praktikumsstelle eine sinnvolle Verpflichtung geboten werden, ihre/seine eigenen Erfahrungen, Beobachtungen und Gefühle, die bei dem Praktikum entstanden sind, zu reflektieren. Der/dem Supervisorin/Supervisor kommt im Rahmen der Ausbildungsinstitution die bedeutungsvolle Aufgabe zu, gemeinsam mit der Praktikantin/dem Praktikanten den steinigen Pfad dieser Berufsausbildung möglichst ohne Beeinträchtigungen zu bewältigen.

Weder soll unentdeckt bleiben, wenn durch das Praktikum bei der Studentin/dem Studenten frühere traumatische Erfahrungen reaktiviert werden, noch sollte den Klientinnen/Klienten durch möglicherweise völlig unbeabsichtigtes unprofessionelles Verhalten zusätzliches Leid zugefügt werden.Wenn wir dafür hinderliche Rahmenbedingungen in Kauf nehmen, tragen wir dazu bei, dass unsere zukünftigen Kolleginnen/Kollegen möglicherweise bereits mit einer Hypothek in diese Arbeit eintreten, die weder für sie noch für die ihnen anvertrauten Klientinnen/Klienten förderlich sein kann. Hierfür muss neben der Supervision auch der psychotherapeutischen Selbsterfahrung genug Raum gegeben werden.

Für die *psychotherapeutische Selbsterfahrung* im Rahmen eines Ausbildungsverhältnisses erscheint sinnvoll:

- Verpflichtende Absolvierung von psychotherapeutischer Selbsterfahrung
- Trennung von psychotherapeutischer Selbsterfahrung und Praktikumssupervision
- Wahrung der Intimsphäre, der Vertraulichkeit und des Vertrauens durch
- Selbstauswahl der Psychotherapeutin/des Psychotherapeuten nach festgelegten Kriterien
- Inanspruchnahme der psychotherapeutischen Selbsterfahrung außerhalb des „Schulrahmens" und Klassenverbands
- Transparenz der Informationspflicht/en der Psychotherapeutin/des Psychotherapeuten zur Ausbildungsleitung und
- Wahrung der Vertrauensbildung durch diese Transparenz

Für die *Praktikumssupervison* innerhalb der psychosozialen Ausbildung erscheint notwendig:

- Wahrung der Vertraulichkeit und des Vertrauens durch
- Selbstauswahl der Supervisorin/des Supervisors nach festgelegten Kriterien und
- Schaffung der wahlweisen Möglichkeit, außerhalb des „Schulrahmens" Supervision in Anspruch nehmen zu können
- Transparenz der Informationspflicht/en der Supervisorin/des Supervisors zur Ausbildungsleitung und
- Wahrung der Vertrauensbildung durch diese Transparenz
- Verantwortungsübernahme der Supervisorin/des Supervisors, auf klassische Berufsphänomene hinzuweisen und sie aufzuzeigen, sowie Begleitungs,- und Vorbereitungsarbeit zu leisten
- Verantwortungsübernahme der Supervisorin/des Supervisors, Supervisionsprozesse bzw.-Inhalte von therapeutischen Prozessen bzw. Inhalten zu trennen und gegebenenfalls auf die Notwendigkeit einer intensivierten psychotherapeutischen Begleitung zu verweisen

Praktikumssupervision innerhalb der Praktikumsstelle

Wenn eine Praktikantin/ein Praktikant ihr/sein Praktikum in einer Praktikumsstelle antritt, wird ihr/ihm oft ein/e Praktikumsbetreuerin/Praktikumsbetreuer zugeteilt. Das Stundenausmaß und organisatorische Fragen sind zumeist vorgegeben, die Agenden dieser Person sind jedoch in der Regel abhängig von den Gepflogenheiten der Institution, in der das Praktikum angeboten wird.

Auch können der Status der Praktikantin/des Praktikanten und die Absolvierung des Praktikums je nach Einrichtung deutlich variieren:

- *Beobachtungsstatus:* die Arbeit der Einrichtung wird beobachtet und nicht selbst aktiv ausgeführt
- *Mitarbeiter/innenstatus:* die Arbeit der Einrichtung wird für die Dauer des Praktikums unter fachlicher Anleitung möglichst selbstständig ausgeführt und ein ähnlicher Status wie bei den regulären Mitarbeiterinnen/Mitarbeitern eingeführt. Da der Status jedoch trotzdem immer unterschiedlich bleibt, führt dies oft zu Verwirrungen in den Kompetenz- und Aufgabenbereichen der Praktikantinnen/Praktikanten.
- *Mischform:* die Arbeit wird in Teilbereichen für die Dauer des Praktikums unter fachlicher Anleitung möglichst selbstständig ausgeführt (zB. Übernahme bestimmter Aufgaben, bestimmter Klientinnen/Klienten, etc...).

Je nach Status der/des Praktikantin/Praktikanten variiert zumeist auch die Praktikumsbegleitung. Aus den Erfahrungswerten aus der Praxis könnten sich folgende hilfreiche Parameter für die Rahmenbedingungen einer gelungenen Praktikumssupervision ableiten:

- Klare Benennung und Zuständigkeit der Person der Praktikumsbegleitung
- Klare und festgelegte Zeiten, die Praktikumsinhalte zu besprechen
- Klare Definition der Praktikumsinhalte
- Reflexion der Tätigkeit der Institution und
- Reflexion der eigenen Tätigkeit als Praktikant/in
- Transparenz über Informationspflicht an den Ausbildungsverein
- Schriftliche Bestätigung der absolvierten Praktikumsagenden

„KANN ICH DAS SCHON?“

Der Berufseinstieg

Franziska

Franziska hat drei äußerst intensive Ausbildungsjahre hinter sich gebracht. Nun steht nach der Verfassung der Diplomarbeit nur mehr die Diplomprüfung bevor.

Die Wohngemeinschaft mit Sabine hat zunächst gut funktioniert, dann kam es zu Konflikten, die Franziska immer noch zu schaffen machen. Nie hätte sie gedacht, dass enge Freundschaften unter anderem durch unerledigte Haushaltspflichten erschüttert werden könnten.

Da es trotzdem so gekommen ist, hat Franziska nun genau überlegt, wer nach Sabine bei einziehen könnte. Bei Konstanze, die ihre Freundin geblieben ist, wollte sie nicht ein neues Risiko eingehen, also entschied sie sich für Walter, der sich insgesamt als ganz angenehmer, wenn auch manchmal etwas chaotischer Mitbewohner bewährt.

In Liebesdingen waren es ebenfalls sehr bewegte drei Jahre gewesen. Nach mehreren Beziehungsversuchen verliebt sie sich in Felix, einen technischen Zeichner, den sie an ihrem neuen Arbeitsplatz, einer italienischen Bar, kennen lernte. Den ersten Arbeitsplatz wechselte sie, als sich herausstellte, dass sie dort keine Anmeldung erhalten würde.

Da das Ende ihrer Ausbildung naht, sieht sich Franziska vor die Frage gestellt, nach dem ersten „richtigen“ Job als Diplomierte Sozialarbeiterin zu suchen. Nach wie vor interessiert sie der Bereich mit Kindern und Jugendlichen und sie bewirbt sich bei einem Jugendzentrum.

Da es zu viele Bewerbungen gibt, wird Franziska abgelehnt und muss diese erste Enttäuschung zunächst einmal verarbeiten. Sie absolviert ihre Abschlussprüfung und beschließt, noch ein wenig mit den nächsten Bewerbungen zu warten, als ihr unerwartet ein Jobangebot für eine Sozialarbeiterinnenstelle an einer Behörde, die sich mit Familien beschäftigt, gemacht wird.

Franziska ist hin- und hergerissen. Eine Tätigkeit in einer Behörde ist eigentlich nicht gerade das, was sie für sich in Erwägung gezogen hat. Sie bespricht dies mit Britta, die ihr zuredet, das Angebot anzunehmen, da sie hier viele wertvolle berufliche Erfahrungen mit Familien machen könnte. Zweifelnd, ob sie die richtige Entscheidung trifft, nimmt Franziska die Stelle schließlich an.

Am Beginn des folgenden Monats wird sie eingestellt und muss zunächst einmal das gesamte umfangreiche Aufnahmeprocedere über sich ergehen lassen. Ihren Job als Kellnerin hat Franziska zuvor gekündigt. Sie kann kaum glauben, dass sie das erste Mal regulär Geld mit ihrer nun abgeschlossenen Ausbildung verdienen wird.

Ihr Arbeitsplatz befindet sich in einem traditionellen, großen und grauen Gebäude, in dem zirka zwanzig andere Sozialarbeiterinnen beschäftigt sind. Da es hier einen ständigen regen Personalwechsel gibt, ist das Team der Sozialarbeiter/innen ziemlich instabil.

Franziska wird freundlich aufgenommen, aber sie gewinnt den Eindruck, dass man damit rechnet, dass sie nicht lange bleiben wird. Franziska bekommt eine langjährig erfahrene Sozialarbeiterin zugewiesen, die sie in ihrem ersten Arbeitsjahr einschulen wird. Bei ihr muss sie sämtliche Papiere vorlegen und unterzeichnen lassen, bis sie nach dem Jahr eine selbstständige Unterschriftsberechtigung erhält.

Neben dieser Begleitung wird Franziska verpflichtet, an einem externen Forum, der sogenannten „Berufsanfänger/innenrsupervision" teilzunehmen. Diese wird außerhalb des Arbeitsplatzes von einer Supervisorin in einer Kleingruppe von vier Personen durchgeführt.

Alle vier Teilnehmerinnen befinden sich in derselben Situation wie Franziska, was den Berufseinstieg und dementsprechende typische Problemkonstellationen betrifft. Franziska kann diese Form gut für einen Austausch nützen und die Supervisorin ist angenehm verständnisvoll und unterstützend. Unklar bleibt, wie es um die Verschwiegenheitspflicht der Supervisorin steht, da sie bei derselben Behörde beschäftigt ist, wie ihre Supervisandinnen. Franziska geht von einem Vertrauensverhältnis aus, die Transparenz dazu fehlt jedoch.

Die Sozialarbeiterin, die Franziska einschult, bietet ebenfalls eine konstruktive und hilfreiche Begleitung und ist von einer ungewohnten Klarheit, wenn es um Fehler und Fallen im Umgang mit den Klientinnen/Klienten geht. Franziska erfährt neben Bestätigung auch Kritik, ist jedoch froh, dass man Klartext mit ihr spricht, da das in dieser Branche nicht selbstverständlich ist.

Supervision für Berufsanfänger/innen

Berufsanfänger/innen brauchen zu Beginn ihrer Tätigkeit unbedingt kompetente Ansprechpartner/innen, um mit der neuen beruflichen Situation und der direkten Konfrontation mit ihrer Klientel zurechtzukommen. Wenn ihre Ausbildungszeit positiv verlaufen ist, haben sie bereits essentielle Erfahrungen machen können, von denen sie nun profitieren. Und doch besteht ein ganz wesentlicher Unterschied in der Rolle einer/eines unbezahlten, noch auszubildenden Praktikantin/Praktikanten und der einer selbstständig arbeitenden und entlohnten Fachkraft. Je nach Institution wird diesem Umstand unterschiedlich Rechnung getragen.

Ein Berufseinstieg kann folgendermaßen variieren:

- Begleiteter Berufseinstieg mit zeitlich limitierter Betreuung mit klar definiertem Kontrollauftrag (explizite Kontrolle der Arbeitsqualität)
- Begleiteter Berufseinstieg mit zeitlich limitierter Betreuung ohne klar definiertem Kontrollauftrag (implizite Kontrolle der Arbeitsqualität)
- Begleiteter Berufseinstieg durch eine bestimmte Person/oder das Team ohne klar definierte zeitliche oder inhaltliche Kriterien mit expliziten oder impliziten Kontrollauftrag
- Unbegleiteter Berufseinstieg mit formalen Kontrollen der Arbeitsqualität
- Unbegleiteter Berufseinstieg ohne formalen Kontrollen der Arbeitsqualität

Supervision für Berufsanfänger/innen innerhalb der Arbeitsstelle

Supervision für Berufsanfänger/innen innerhalb der Arbeitsstelle muss verschiedenen Kriterien gerecht werden. Einerseits wird sie durch eine/n potentielle Kollegin/Kollegen durchgeführt, die/der manchmal gleichzeitig eine kollegial-freundschaftliche Bezugsperson ist. Weiters sind alle beteiligten Personen Teil eines bestehenden Arbeitsteams und möglicherweise formal gleichgestellt. Natürlich kann der Fall eintreten, dass die Begleitung von einer Person durchgeführt wird, die eine hierarchisch übergeordnete Position innehat.

Kontroll- und Verantwortungsaufgaben für die Arbeitsqualität der/des Berufsanfängerin/ Berufsanfängers können sowohl explizit als auch implizit wahrgenommen werden, auch der zeitliche Rahmen der Betreuung kann festgelegt oder offen sein.

Hilfreiche Parameter für eine konstruktive Zusammenarbeit zwischen Berufsanfängerinnen/ Berufsanfängern und ihren Betreuerinnen/Betreuern können sein:

- Transparenz bezüglich der zeitlichen Limitierung und der inhaltlichen Schwerpunkte der Betreuung
- Transparenz des supervisorischen Gestaltungsspektrums innerhalb der Betreuung und deren Grenzen
- Transparenz über Kontrollauftrag der Arbeitsqualität, Informations- und Auskunftspflichten gegenüber Vorgesetzten oder Außersehenden
- Transparenz über mögliche Auswirkungen des Kontrollauftrags

Neben der Begleitung von Berufsanfängerinnen/Berufsanfängern stehen dieser Gruppe in der Regel auch die anderen Reflexions- und Beratungsforen der Institution zu Verfügung. Je nach Einrichtung gibt es ein bereits bestehendes kontinuierliches Angebot an Teamsupervision und/oder Gruppenfallsupervision. Auch kann das Angebot an die Mitarbeiter/innen bestehen, von der Institution bezahlte Einzelsupervisionen besuchen zu können. Unterschiedlich ist, ob aus einer vorgegebenen Liste gewählt werden muss und welcher finanzielle Betrag bei welcher/m Supervisor/in von der/dem Arbeitgeber/in übernommen wird.

Supervision für Berufsanfänger/innen außerhalb der Arbeitsstelle

Die Berufsanfängerin/der Berufsanfänger sollte neben der Betreuung innerhalb ihrer/seiner Einrichtung die Möglichkeit erhalten, auch außerhalb der Arbeitsstelle eine von der Institution finanzierte Supervision des Berufseinstiegs und der Fallarbeit zu erhalten. Die dafür in Frage kommenden Supervisorinnen/Supervisoren sollten nicht in einem Nahe- oder Abhängigkeitsverhältnis zu der Institution stehen, in die/der Berufsanfänger/in tätig ist. Weiters sollte klar sein, in welcher Form die Verschwiegenheitspflicht gilt und wie ein Vertrauensverhältnis etabliert werden kann. Folgende Rahmenbedingungen können dafür hilfreich sein:

- Kein berufliches oder privates Nahe- oder Abhängigkeitsverhältnis der/des Supervisorin/Supervisors zu (Personen) der Arbeitsstelle der/des Supervisandin/Supervisanden
- Transparenz bezüglich der Verschwiegenheitspflicht und der Vertrauensbasis
- Transparenz über Kontrollaufträge und Informationspflichten an den Arbeitgeber (=Auftraggeber und Kostenträger)

„WIE SCHAFFE ICH DAS ALLES?“
Die Bewältigung des Berufsalltags

Franziska

Franziska hat ihr erstes Arbeitsjahr in der Behörde hinter sich gebracht. Sie ist nun mit den wichtigsten Abläufen der administrativen Arbeit vertraut, ihr Einzugsgebiet und ihre Klientinnen/Klienten hat sie nun ebenfalls kennen gelernt. Ihr Tätigkeitsgebiet ist riesig und enthält etliche brisante soziale Brennpunkte.

Nach einer abschließenden Überprüfung durch ihre vorgesetzte Fachaufsicht erhält Franziska ihre eigenständige Unterschriftsberechtigung. Die Begleitung durch die Sozialarbeiterin, die sie eingeschult hat, welche sie sehr zu schätzen gelernt hat, endet, ebenso die externe Berufsanfänger/innensupervision.

Da das Team zu dieser Zeit weder Fall- noch Teamsupervision hat, steht auch Franziska im Rahmen ihrer Arbeitsstelle keine kontinuierliche Gruppensupervision zu Verfügung. Der fachliche Austausch über die Klientinnen/Klienten findet in den Kaffeepausen oder in den gemeinsamen Arbeitsräumen zwischen den Kontakten mit den Klientinnen/Klienten statt.

Die Teamdynamik wird nach einem ähnlichen Muster in Untergruppen abgehandelt, die sich je nach Sympathie und ähnlichen Kriterien zusammenfinden. Schwelende Konflikte werden nicht offen ausgesprochen, sondern „hinter den Kulissen“ ausgetragen. Ein adäquates Forum, sie begleitet zu bearbeiten, fehlt.

Da die Fluktuation nach wie vor sehr stark ist, gibt es wenig Kontinuität. Die Gruppenbildungen kreisen meist um oder gegen alteingesessene Sozialarbeiter/innen, die die Vorrechte der Älteren für sich beanspruchen und den jungen Kolleginnen/Kollegen die Arbeit bisweilen erheblich erschweren. Franziska fühlt sich aus mehreren Gründen unter Druck.

Einerseits muss sie ihr riesiges und oft sehr diffiziles Arbeitspensum nun völlig selbstverantwortlich bewältigen, andererseits sieht sie sich nicht gerade in einem angenehmen Arbeitsklima und Arbeitsteam aufgefangen. Die Spannungen und Machtkämpfe beeinträchtigen sie sehr, sie kann nur mit wenigen Kolleginnen/Kollegen ein fruchtbares und produktives kollegiales Verhältnis pflegen.

Nach einigen Monaten geht das Gerücht um, dass eine neue Leitung die ältere Kollegin in dieser Position ablösen soll. Franziska schöpft Hoffnung, da sie mit der jetzigen Vorgesetzten besondere Schwierigkeiten hat. Tatsächlich kommt es zur Ablöse und ein neuer Wind zieht in das alte Gebäude ein.

Die neue leitende Sozialarbeiterin ist ungefähr vierzig Jahre alt und voller Tatendrang. Eine der ersten Innovationen, die sie gegen den erheblichen Widerstand der altgedienten Kolleginnen/Kollegen einführt, ist die Etablierung einer kontinuierlichen Teamsupervision. Die alteingesessene Fraktion, die sich plötzlich einig ist, wie selten zuvor, wendet sich umgehend an die Gewerkschaft, um eine verpflichtende Teilnahme an dieser Teamsupervision zu verhindern.

Die neue Leitung gerät unter großen Druck und stellt die Teilnahme an der Teamsupervision frei. Fazit ist, dass von cirka zwanzig Mitarbeiterinnen nur die Hälfte bereit ist, zum Erstgespräch mit der neuen Supervisorin zu erscheinen. Hinzu kommt die Tatsache, dass zu dieser Zeit nur Supervisionen bei Supervisorinnen/Supervisoren bewilligt werden, die alle ebenfalls bei derselben Behörde beschäftigt sind

Als nun die neue Supervisorin kommt, findet sie sich nur der Hälfte des Arbeitsteams gegenüber. Unklar ist weiters, inwiefern die leitende Sozialarbeiterin eingebunden werden soll. Da es für die neue Leitung selbstverständlich ist, dass sie als Intitiatorin dabei sein soll, wird es auch so gehandhabt.

Die Teamsupervisorin bemüht sich redlich, steht jedoch einer Unmenge an widersprüchlichen Aufträgen gegenüber. Der Graben, der sowieso bereits zwischen den verschiedenen Fraktionen in der Behörde besteht, wird durch die gespaltene Teilnahme an der Supervision noch verschärft. Die Teamsupervision artet zu einem Beschwerdeforum über die altgedienten Kolleginnen aus. Franziskas Situation verschlechtert sich immer mehr. Es scheint niemanden geholfen, nach sechs Monaten wird die Supervision abgebrochen.

Begriffsklärung: Teamsupervision

Teams sind, auch bei hoher Teilautonomie, meistens in einen organisatorischen Zusammenhang eingebunden und haben bestimmte Aufgaben zu erfüllen Sie dienen also somit einem speziellen Zweck. Ein Team kann als funktionsgegliederte Arbeitsgruppe mit gemeinsamer Zielsetzung, intensiven Beziehungen untereinander und ausgeprägten Gemeinschaftssinn definiert werden. Der

Begriff Team kann zur Bezeichnung einer kleinen organisatorischen Einheit, aber auch einer für sich stehenden Organisationseinheit verwendet werden (vgl Schwertl 2002: 108. In: Vogt-Hillmann/Eberling/Dahm/Dreesen [Hrg.] 2002: 105ff).

Teamsupervision wird häufig aus folgenden Gründen initiiert (vgl. Kersting 2002: 174. In Vogt-Hillmann/Eberling/Dahm/Dreesen [Hrg.] 2002: 173ff):

- Wenn die Arbeitsebene beeinträchtigt ist
- Wenn unterschwellige Konflikte zwischen den Mitgliedern und/oder anderen hierarchischen Ebenen bestehen
- Wenn die Arbeitsatmosphäre bedrückend ist
- Wenn Entscheidungsstrukturen und Kompetenzverteilungen unklar sind
- Wenn Auseinandersetzungen vermieden und Entscheidungen vertagt werden
- Wenn die Leitung nicht wahrgenommen wird
- Wenn ein hoher Konkurrenzdruck herrscht

Teamsupervision muss sechs verschiedene Ebenen berücksichtigen, die einen Einfluss auf das Supervisionsgeschehen nehmen (vgl. Brandau/Schüers 1995: 137):

- Die Ebene der einzelnen Person
- Die Ebene des Teams
- Die Ebene des Supervisionssystems
- Die Ebene der Institution
- Die Ebene der Klientel/Kunden
- Die Ebene der Gesellschaft

Die Ebenen der Analyse in der Teamsupervision beziehen sich einerseits auf die *Institution* und deren Wertesystem bezüglich Institutions- und Klientensystem, dem Aufbau der Rollen und Funktionen der Arbeitsstruktur und deren Abläufe (vgl. ebenda).

Andererseits kommt entscheidend die Ebene des *Teams* zum Tragen, deren Gruppendynamik, Regeln, Mythen, Normen, Grenzen von Subsystemen, Kommunikationsabläufe, Koalitionen, Konfliktlösungsstile, die Vernetzung mit anderen Teams oder Leitungen und die Einbettung in die Institution (vgl. ebenda).

Weiters kommt die Ebene des *Individuums* hinzu, dessen Rollenaufträge, widersprüchliche Erfahrungen, Differenzierungen persönlicher unbewusster Eigendynamiken, der Rollendynamiken, der Übertragungen mit Klienten, im Team und im Rahmen dieser Institution und nicht zuletzt die Ebene der *Gesellschaft* in Bezug auf Einbettung in gesellschaftliche Prozesse, Positionierungen, Aufträge und Widersprüche (vgl. ebenda: 138).

Die/der systemische Teamsupervisor/in tritt mit der Gruppe in einen wechselseitigen Lernprozess ein, trägt zur Förderung des Prozesses zur Selbstreflexion bei und orientiert sich immer wieder an den Paradoxien und Schwierigkeiten der institutionellen Aufgaben. Die Energie für die Arbeit und Bearbeitung bleibt immer beim Team (vgl. ebenda).

Innerhalb des Prozesses einer Teamsupervision können immer wieder bestimmte Phänomene beobachtet werden, die sich zum Beispiel darin äußern, dass Beziehungskonflikte von Teammitgliedern im Vordergrund stehen, die eigentlich Ausdruck von verschiedensten institutionellen Problematiken darstellen. Die Inanspruchnahme von Teamsupervision kann für manche Teammitglieder bewusst oder unbewusst eine Kränkung darstellen, was zu deutlichem Widerstand dagegen führen kann und das Hinterfragen brisanter Themen kann durchaus auch als existentiell bedrohlich erlebt werden.

Berufsbedingte entwickelte Rivalitäten können das Entstehen einer Vertrauensbasis erschweren oder gar verhindern und Teamsupervision kann als äußerst ineffizient erlebt werden, wenn es keine verändernden Auswirkungen auf die Institution haben darf. Bei der Teilnahme von Vorgesetzten können Rollenkonfusionen entstehen, auch kann andererseits der Umstand, dass eine Vorgesetzte nicht teilnehmen kann, die Gefahr einer verdeckten Koalition entstehen lassen (vgl. ebenda 142f)).

Erfolgreiche Teamsupervision (vgl. dazu auch Sparrer 2006) ermöglicht eine Bearbeitung der berufsrelevanten Probleme im organisatorischen Kontext, ermöglicht im besten Fall eine konstruktive und begleitete öffentliche Auseinandersetzung, gibt wertvolle Impulse für die Organisationsentwicklung, ermöglicht ein Lernen am eigenen Job und fördert die Lernfähigkeit des Teams in der Organisation (vgl. ebenda: 142).

Sinnvolle Parameter einer (systemisch orientierten) Teamsupervision können sein (vgl. Geisbauer 2004: 52f.):

- Deutliche Abgrenzung zu Selbsterfahrung/Gruppenfallsupervision/OE
- Klarheit bezüglich der teilnehmenden Personen
- Klärung der Teilnahme von hierarchischen Personen (ev. Auftraggeber?)
- Klärung des Informationstransfers von Supervisionsergebnissen zwischen Team und Hierarchie
- Definition der Probleme, der Anliegen und Erwartungen der einzelnen Personen
- Erarbeitung des Ziels/der Ziele des Teams und deren Mitglieder und Transparenz bezüglich der Ziele der Auftrageber
- An welchen Kriterien orientiert sich eine erfolgreiche Supervision?
- Klarheit und Transparenz über die Rolle der/des Beraterin/Beraters (und deren/dessen Honorar)
- Klärung des Settings, des Orts und des zeitlichen Rahmens
- Klärung der bisherigen Lösungsversuche und der Ressourcen
- Gemeinsames Erarbeiten von Lösungen zur Erreichung des formulierten Ziels

Begriffsklärung: Fallsupervision

Die Geburtsstunde des angloamerikanischen Begriffs von Supervision liegt ursprünglich in der Industrie, das soziale Konzept der Supervision wurde Ende des neunzehnten Jahrhunderts durch die Entwicklung der Wohlfahrt entscheidend geprägt.

Die historische Entwicklung der fallbezogenen Supervision geht in die neunzehnhundertzwanziger Jahre zurück und fand ihren Ursprung in der „Kontrollanalyse" durch die/den Supervisorin/ Supervisors in der Rolle der/des „Kontrollanalytikerin/ Kontrolanalytikers". Hierbei wurde der primäre Fokus von der/des Kontrollanalytikerin/Kontrollanayltikers auf die Aufarbeitung der vergangenen und unbewussten Konflikte ihrer Supervisandinnen/Supervisanden gelegt mit dem Ziel der Auflösung der Gegenübertragung gegenüber jener/s Klientin/Klienten. (vgl Brandau 1996: 24. In Brandau 1996 [Hrg.]: 11ff).

In den neunzehnhundertsechziger Jahren wurde die Rolle der/des Supervisorin/Supervisors durch die/den „Therapeutin/Therapeuten der/des Therapeutin/Therapeuten" ausgeübt, indem persönliche blockierende Gefühle der/des Supervisandin/Supervisanden und deren Sackgassen im Hier und Jetzt bearbeitet wurden (zB. durch psychodramatische und gestalttherapeutische Techniken). Dies sollte zum Ziel einer erhöhten Bewusstheit und Kreativität gegenüber der Klientel führe und zu einem persönlichen Wachstum beitragen (vgl. ebenda).

Ab den neunzehnhundertsiebziger Jahren entstanden die Rollen der Trainer/innen und der Coaches, die beispielsweise durch Live-Beobachtungen Korrekturen der therapeutischen „skills" vornahmen, mit dem Ziel, die diagnostischen und therapeutischen Fähigkeiten ihrer Supervisandinnen/ Supervisanden zu erweiten, um einer objektiven Richtigkeit im Denken und Handeln zu entsprechen (vgl. ebenda).

Ab Mitte der neunzehnhundertachtziger Jahre begannen sich gleichwertigere Partnerschaften zwischen Supervisor/in und Supervisand/in zu entwickeln, die zur Aktivierung der Ressourcen der/des Supervisandin/Supervisanden in Hinblick auf ihre Tätigkeit mit ihrer Klientel beiträgt (vgl. ebenda).

„Bei fallorientierter Supervision geht es nach unserem Verständnis darum, einerseits die Perspektiven des Supervisanden zu erweitern und einen kreativen „Entwicklungsraum" der Ressourcen und Bewußtheit zu ermöglichen, andererseits darum, kontextsensible Angebote derart zu gestalten, dass der Supervisand die oft konfusionsfördernde Komplexität seiner Arbeit so strukturieren kann, dass seine autonome Handlungs – und Entscheidungsfähigkeit wieder möglich ist". (Vgl. Brabdau/Schuers 1995: 43).

Fallbezogene Supervision fokussiert stets die fallbezogene Arbeit, die in einem bestimmten Arbeitskontext stattfindet. Auch hier kommen jedoch auch, ähnlich wie bei der Teamsupervision, weitere Einflussfaktoren zum tragen. Somit spielen die Ebenen des Arbeitsrahmen, der Institution, der Klientel/Zielgruppe, des Arbeitsteams, der gesellschaftlichen Aspekte und der eigenen Persönlichkeit jeweils gewichtige Rollen.

Gelungene Fallsupervision ermöglicht der/dem Supervisandin/Supervisand die Reflexion und Entwicklung von Lösungen der im Rahmen ihres Arbeitskontextes mit ihrer Klientel entstandenen (Interaktions)-Probleme, wobei hier, wie bereits erwähnt, drei Ebenen beachtet werden müssen (vgl. Schmidt 2006):

- Kunden-Heimat-System
- Beratungssystem
- Supervisionssystem

Fallbezogene Supervision kann in verschiedenen Settings erfolgen:

Gruppenfallsupervision innerhalb der eigenen Arbeitsstelle
Hierbei geht es um das gemeinsame Reflektieren von Fallarbeit eines kontinuierlichen Arbeitsteams mit einer/m außen stehenden Supervisor/in, wobei es sich bei den besprochenen Klientinnen/ Klienten auch um gemeinsame Klientinnen der einzelnen Gruppenmitglieder handeln kann (zB. Betreuer/innen einer Wohngemeinschaft), aber nicht muss.

Gruppenfallsupervision außerhalb der eigenen Arbeitsstelle
Hierbei handelt es sich um das gemeinsame Reflektieren von Fallarbeit von verschiedenen Personen mit einer/m außen stehenden Supervisor/in, die nicht ein kontinuierliches Arbeitsteam bilden (zB. Gruppen-Lehr-Supervision im Rahmen einer Therapieausbildung, u.ä.).

Gruppen-Intervision
Hierbei handelt es sich um das gemeinsame Reflektieren von Fallarbeit von verschiedenen Personen ohne eine/n außen stehende Supervisor/in. Dies kann in einem kontinuierlichen Arbeitsteam oder bei einer Gruppe verschiedener Personen erfolgen (zB. Peergroup, u.ä.). Intervision kann auch von weniger Personen oder sogar in einem Zweipersonensystem durchgeführt werden

Einzelfallsupervision
Hierbei handelt es sich um da Reflektieren von Fallarbeit einer einzelnen Person mit einer/m außen stehenden Supervisor/in

Eine wesentliche Hilfe zur Erfassung der zieldienlichen Informationen besteht darin, zu klären, warum es zu diesem Auftrag gekommen ist und das Problem zu definieren, um das damit verknüpften Anliegen und des Lösungsziel zu erarbeiten.

Die Auftragsklärung findet auf diversen Systemebenen statt, wie u.a. die jeweilige Problemebene der/des Klientin/Klienten selbst und die Kooperation der/des Beraterin/Beraters mit den relevanten Beteiligten. Gemeinsam kann dann geklärt werden, ob das Beratungssystem als zieldienliches, sinnvoll erlebbares Kooperationsmodell aufgebaut ist und wie dafür Aufträge formuliert sind, weiters werden Kompetenz-Informationen erarbeitet und geklärt. Problem- und Lösungsmuster können verglichen werden und der Prozesses der/des Berater/innen selbst wird geklärt Dem folgt die Erarbeitung einer Lösung hinsichtlich des formulierten Problems und Ziels unter Berücksichtigung der verschiedenen daran beteiligten Subsysteme (vgl. Schmidt 2006).

Hilfreiche Parameter für eine gelungene (systemisch orientierte) Fallsupervision (vgl. Linke 2002: 48. In in Vogt-Hillmann/ Eberling/Dahm/Dreesen [Hrg.] 2002: 23ff):

- eine eher ethnologische statt missionarische Haltung der/des Supervisorin/Supervisors, die sich respektvoll den Realitätskonstruktionen ihrer/ihres Supervisandin/Supervisanden nähert
- der Versuch, die Logik und Prämissen der/des Supervisandin/Supervisanden, die ihren Handlungen zugrunde liegen, zu verstehen und diese zu reflektieren
- der Verzicht auf eine allwissende Expertinnenrolle, Etablierung einer partnerschaftlichen Haltung für eine gemeinsame Entdeckung von Problemkonstruktion und Lösung
- Vertrauen in die Eigendynamik (Autopoiese) des Systems
- keine „richtigen" Lösungen aufzwingen
- Anregung zukunfts- und lösungsorientierter Perspektiven
- Abkehrung von zweiwertigen Logiken und Arbeiten mit Ambivalenz
- Anerkennung von Komplexität und Wechselwirkung

Gruppen- oder Einzelsetting

Bezüglich fallbezogener Supervision kann grundsätzlich die Entscheidung zwischen Einzel- und Gruppensetting getroffen werden. Oft gibt die Arbeitsstelle vor, welche Angebote finanziell unterstützt werden, oder nicht. Jedes der beiden Settings hat Vor- und Nachzüge für die/den Supervisandin/Supervisanden.

Eine gelungene Gruppensupervision ermöglicht das Teilen von gemeinsamen Erfahrungen, die Unterstützung durch die anderen Mitglieder, das Gefühl der Solidarität untereinander und das Profitieren durch die Assoziationen, Erfahrungen und Ideen der anderen. Es besteht weniger die Gefahr einer Dominanz der/des Supervisorin/Supervisors, da die Gruppe in den Vordergrund tritt. Hinzu kommt die (nicht selten ebenfalls relevante) Erleichterung von ökonomischen Belastungen durch den günstigeren Tarif, der durch das Gruppensetting entsteht.

Eine gelungene Einzelsupervision ermöglicht, dass die inhaltliche Thematik im Vordergrund steht und nicht Gefahr läuft, möglicherweise durch eine Teamdynamik überschattet zu werden. Durch das Einzelsetting besteht zudem ausreichend Zeit für das eigene Anliegen und es entwickelt sich zudem oftmals eine förderliche Intimsphäre für eine ehrliche fachliche Auseinandersetzung (vgl. Brandau/Schuers 1995: 142f.).

„WIE KOMME ICH WOHIN?“

Die Begleitung bei Prozess und Ziel

Franziska

Franziska arbeitet bereits das vierte Jahr in der Behörde. Sie hat in der Zwischenzeit bereits einmal intern den Arbeitsplatz gewechselt und fühlt sich seither um einiges wohler. Sie ist nun Mitglied eines kleineren Teams, in dem es zwar auch Spannungen gibt, welche jedoch in der regelmäßig mit allen Mitarbeiterinnen/Mitarbeitern stattfindenden Teamsupervision gut aufgefangen werden können.

Privat hat sich nicht allzu viel verändert, außer dass sie und Felix sich mittlerweile eine größere Wohnung gesucht haben.

Zu ihrer Familie hatte Franziska eine Weile gar keinen Kontakt mehr gehabt, im letzten Jahr kam es jedoch zu einer Aussöhnung mit den Eltern. Zumindest spricht man wieder miteinander, wenn Franziska Besuche bei ihren Eltern auch meidet, da das Zusammenleben mit Bernd dort immer kritischer wird.

Alle Versuche, mit den Eltern über Bernd und die Beendigung dieses trostlosen Zustandes zu reden, scheitern. Ein weiteres Tabu ist die Alkoholabhängigkeit ihrer Mutter, Franziska hat es aufgegeben, sich darüber eine Gesprächsbereitschaft zu erhoffen.

Und doch klappt das Verhältnis zu den Eltern besser und diese kommen sie und Felix immer wieder in der Großstadt besuchen. Felix versteht sich gut mit ihren Eltern. Auch mit Gerlinde hat sich das Verhältnis wieder entspannt, mittlerweile ist bei der Schwester bereits das zweite Kind unterwegs. Was eine Eheschließung und die Sorge um Nachwuchs betrifft, steht Franziska unter großen elterlichen Erwartungen, sie möchte sich aber selbst noch ausreichend Zeit für dementsprechende Entscheidungen geben.

Obwohl es ihr am neuen Arbeitsplatz wesentlich besser gefällt, gehen Franziska seit einiger Zeit Veränderungsgedanken durch den Kopf. Genau kann sie diese noch nicht zuordnen und doch weiß sie, dass sie diesen Job nicht ewig machen möchte, auch wenn er ihr mittlerweile gut gefällt. Ganz allgemein empfindet sie, dass sich eine gewisse berufliche, aber auch private Trägheit in ihr Leben geschlichen hat, für die sie sich noch viel zu jung fühlt, wird sie doch in drei Jahren erst dreißig.

Sie erinnert sich an ihre Therapeutin, die ihr früher sehr geholfen hat und kontaktiert sie, um sich mit ihr zu beraten. Die Therapeutin empfiehlt ihr eine befreundete Systemische Psychotherapeutin, da sie das Gefühl hat, dass Franziska dort am effizientesten ihre Fragen klären könnte.

Franziska greift diese Idee auf und vereinbart ein Erstgespräch. Da sich bei diesem Gespräch herausstellt, dass die berufliche Frage nach der Zukunft für Franziska im Vordergrund steht, schlägt ihr die Therapeutin ein zeitlich begrenztes Coaching vor.

Begriffsklärung: Coaching

Coaching ist ein zeitlich begrenzter, interaktiver und klientenbezogener Beratungs- und Bereuungsprozess und stellt zumeist eine personenbezogene Einzelberatung von Menschen in der Arbeitswelt dar (vgl. Looss 1991: 13). Der Fokus liegt auf der beruflichen Rolle und den damit zusammenhängenden aktuellen Anliegen der Klientinnen/Klienten. Auch private Inhalte, die damit in Zusammenhang stehen, können Platz haben.

Coaching unterscheidet sich jedoch wesentlich von Psychotherapie, da es hier nicht um persönliche oder psychische Belastungen und die gemeinsame Arbeit daran geht, sondern um den Beruf der Kundin/des Kunden und eine Unterstützung in beruflichen Belangen (vgl. Depnering 2002: 75ff. In in Vogt-Hillmann/Eberling/Dahm/Dreesen [Hrg.] 2002: 75ff.).

Der Coach begleitet seine Kundin/seinen Kunden dabei, eigene Lösungsversuche für ihre Anliegen und Ziele zu entwickeln, Coaching ist somit eine sehr individuelle Beratungsform (vgl. dazu etwa Wehrle 2010). Die Weiterentwicklung und das Wachstum der/des Kundin/Kunden stehen dabei im Mittelpunkt (vgl. Heimerl/Loisel 2005: 299f.). .

Es kann als Personalentwicklungsmaßnahme eine gute Alternative zu traditionellen Formen des Managementtrainings darstellen und ist auf die Entwicklung und Förderung der Ressourcen und Potentiale der der Kundinnen/der Kunden gerichtet (vgl. Konas 2001: 70. In: SYSTEME, Zeitschrift der Österreichischen Arbeitsgemeinschaft für systemische Therapie und systemische Studien 2001: 69ff.).

Coaching erarbeitet gemeinsam mit seiner Kundin/seinem Kunden Strategien zur Selbsthilfe und kann sowohl eine kurzfristige Beratung, als auch eine Begleitung auf eine längere Zeitspanne sein, bei der die Weiterentwicklung der Kundinnen/der Kunden im Fokus stehen. Coaching ist stets auf ein Ziel hingerichtet, das zu Beginn der Sitzung(en) gemeinsam erarbeitet wird (vgl. ebenda).

Coaching kann sowohl von externen als auch von betriebsinternen Coaches durchgeführt werden, die Arbeitssettings unterscheiden sich in Einzelcoaching, Gruppencoaching und Teamcoaching.

Begriffsklärung: Systemisches Coaching

Systemisches Coaching ähnelt dem klassischen Coaching, orientiert sich jedoch wie systemische Supervision nach den Grundsätzen der systemischen Theorie und Therapie (vgl. dazu etwa Theuretzbacher/Nemetschek 2009 und Radatz 2010). Die Umsetzung der Methodik basiert hier ebenso auf systemischen Ansätzen (vgl. dazu Müller/Hoffmann 2003), im systemischen Coaching stehen zudem folgende Grundregeln im Vordergrund (vgl. ebenda: 188).

- Die Erarbeitung lösbare Ziele/Aufträge
- Die Herausarbeitung hilfreicher Ressourcen
- Die daraus gebildeten lösungsfokussierende Aufgaben, zirkuläre Fragen u.ä..,
- Das Suchen nach Lösungsmöglichkeiten (Ausnahmen von Problemen, Wunder, usw.),
- Die Klärung, warum die erarbeiteten Ressourcen bis jetzt (noch) nicht genutzt wurden

(Systemisches) Coaching kann in verschiedenen Einsatzfeldern tätig werden (vgl. Konas 2001: 79ff. In: SYSTEME, Zeitschrift der Österreichischen Arbeitsgemeinschaft für systemische Therapie und systemische Studien 2001: 69ff.):

- Veränderte Bedingungen am Arbeitsplatz
- Formale Umstrukturierungen/Fusionen
- Entwickeln neuer Angebotsstrukturen
- Kooperation unterschiedlicher Bereiche
- Ökonomische Probleme
- Teamentwicklung
- Suche nach individuellen Verbesserungen
- Erweiterung der Managementkompetenzen
- Karriereberatung/Selbstmanagement
- Bewältigung von beruflichem Stress/Burnout/Mobbing
- Krisen/Persönliche Krisenereignisse, u.a.

„EINE NEUE PERSPEKTIVE“
Die psychosoziale Zusatzausbildung

Franziska

Franziska hat im Rahmen des systemischen Coachings einen Zeitraum von sechs Monaten vereinbart, um ihre berufliche Unzufriedenheit zu klären und attraktivere Ziele für sich und ihr berufliches Weiterkommen zu entwickeln. Im Laufe des Coachingprozesses wird ihr zunehmend klarer, dass sie sich in die Richtung einer psychotherapeutischen Ausbildung weiterentwickeln möchte. Diese Ambitionen kann sie jedoch innerhalb ihres derzeitigen Arbeitsplatzes nicht verwirklichen.

Sie beschließt einen 2-Stufen-Plan: zunächst möchte sie in ein neues Arbeitsfeld wechseln, in dem sie erste psychotherapeutische Erfahrungen sammeln kann und gleichzeitig möchte sie sich bei einer psychotherapeutischen Ausbildungseinrichtung bewerben. Da sie zuvor noch das psychotherapeutische Propädeutikum absolvieren muss, kommt ein sehr langer neuer Ausbildungsweg auf sie zu.

Franziska gibt ihrer derzeitigen Arbeitsstelle vorerst nichts von ihren Umorientierungsplänen bekannt, sie möchte sich zunächst am Arbeitsmarkt umschauen. Nach längerer Suche stößt sie auf ein privat geführtes therapeutisches Wohnheim für psychisch beeinträchtigte junge Erwachsene. Sie bewirbt sich und wird mit der Auflage aufgenommen, möglichst rasch mit der psychotherapeutischen Ausbildung zu beginnen.

Da in der Einrichtung dringend eine ausgebildete Sozialarbeiterin gesucht wird, ist die Wahl auf Franziska gefallen, obwohl sie zu dieser Zeit noch nicht über therapeutische Vorkenntnisse verfügt. Außerdem hat gegenseitige Sympathie sehr geholfen.

Da Franziska möglichst schnell an ihrem neuen Arbeitsplatz beginnen soll, gibt sie ihrem Team und ihren Vorgesetzten bekannt, dass sie ihr Dienstverhältnis beenden werde. Zwar sind einige Kolleginnen/Kollegen enttäuscht, überrascht ist jedoch niemand darüber, dass Franziska Interesse an neuen beruflichen Arbeitsfeldern hat, höchstens über ihren Mut, ein sicheres Arbeitsverhältnis aufzugeben.

Nach einem Monat Kündigungsfrist kann Franziska bereits ihren Arbeitsplatz verlassen. Nach so vielen Jahren ist das ein schneller Abschied, zu schnell, um alles ordentlich abzuschließen, Informationen über Klientinnen/Klienten an Kolleginnen/Kollegen zu übergeben und so viele vertraute Menschen und Gewohnheiten zurück zu lassen.

Um alles soweit als möglich verarbeiten zu können, ersucht Franziska ihre Therapeutin, das Coaching noch ein paar Monate zu verlängern, da sie die vielen Neuerungen sehr fordern. Nicht nur muss sie sich in ein völlig neues Arbeitsgebiet einarbeiten, sie muss auch nach langer Zeit wieder in einen Ausbildungsstatus wechseln. Sie beginnt das psychotherapeutische Propädeutikum und bewirbt sich, sobald es möglich ist, bei einem Ausbildungsverein für das Fachspezifikum für Systemische Familientherapie.

Bereits im Propädeutikum, aber auch im Fachspezifikum, in das sie aufgenommen wird, sind wieder zahlreiche Praktika zu absolvieren. Diesmal ist es sehr schwierig, geeignete Praktikumstellen zu finden, da sich die Studentinnen/Studenten fast ausschließlich selbstständig darum kümmern müssen und die Auswahl an guten Plätzen sehr begrenzt ist.

Durch die Regelung der zu absolvierenden Stunden bei bestimmten Lehrpersonen und Praktikumseinsrichtungen entstehen hohe Anforderungen an die Studentinnen/Studenten. Franziska gerät unter Druck, die „richtigen Stunden" in den „richtigen Einrichtungen" bei den „richtigen Lehrpersonen" zu absolvieren, die zudem auf den „richtigen Listen" stehen und berechtigt sind, die „richtigen Bestätigungen" auszustellen.

Eine adäquate Entschädigung ist jedoch das Eintauchen in ein neues, höchst faszinierendes Berufsfeld. Sie hat Glück und findet zwei Praktikumsstellen, in denen sie unter der kompetenten Anleitung erfahrener Psychotherapeutinnen/ Psychotherapeuten viele Erfahrungen sammeln kann.

Die Praktikumsbetreuung durch den Propädeutikumsanbieter bietet wenig Forum für einen konstruktiven und ausreichenden Austausch, das verpflichtende Angebot im Fachspezifikum ist in dieser Hinsicht bereits bereichernder. Die größte Reflexionsbereitschaft findet Franziska jedoch in ihren Praktikumsstellen mit den praktizierenden Psychotherapeutinnen/Psychotherapeuten. Hier profitiert sie am meisten für ihren zukünftigen Beruf, auch ist es äußerst angenehm und entlastend, von den Fachleuten zu hören, dass sie sich ebenfalls einst durch den hohen Druck in ihren Ausbildungsjahren durcharbeiten mussten.

Zusätzlich zu ihren Praktika und den dazugehörigen Supervisionen muss Franziska ab dem „Status" der Berechtigung, eigenständig unter Supervision psychotherapeutisch zu arbeiten, eine „Lehrsupervision" absolvieren. Sie schließt sich diesbezüglich einer Kleingruppe von vier Personen an, die alle aus ihrer Ausbildungsgruppe stammen und gemeinsam von einem Lehrsupervisor der Ausbildungseinrichtung supervidiert werden.

Die Gruppe ist angenehm, es herrscht ein Klima von gegenseitiger Unterstützung und wenig Konkurrenz. Alle verbindet der starke Zeit- und Leistungsdruck, der auf ihnen lastet. Der Lehrsupervisor ist eine große Unterstützung, aber gleichzeitig auch Kontrollperson. Unklar ist, welche Informationen an die Ausbildungsleitung kommen und welchen verpflichtenden Kommunikationstransfer es unter den Lehrtherapeutinnen/Lehrtherapeuten gibt.

Die Supervisionsgruppe ist zwar einerseits angehalten, ehrlich und offen über ihre Arbeit mit den Klientinnen/Klienten zu sprechen und eigene Schwierigkeiten damit zu thematisieren, andererseits weiß man auch nicht, was mit eventuell problematischen Inhalten passiert. Speziell ein Mitglied der Gruppe macht sich große Sorgen, dass ein grober Fehler, der ihm in der Arbeit mit einem Klienten unterlaufen ist, an die Ausbildungsleitung weitergeleitet werden könnte und dass dies unangenehme Konsequenzen für ihn haben könnte.

Supervisionsfelder im Rahmen von psychosozialen Zusatzausbildungen

Bei psychosozialen Zusatzausbildungen treffen oft Personen zusammen, die bereits eine oder sogar mehrere Ausbildung/en und meistens bereits auch einige Jahre Berufserfahrung absolviert haben. Um dem Titel Zusatzausbildung gerecht zu werden, handelt es sich ja auch in der Regel um Ausbildungen, die einen sogenannten Grundberuf voraussetzen. Im Österreichischen Psychotherapiegesetz (vgl. Österreichisches Psychotherapiegesetz 1990) sind diese Berufe beispielsweise rechtlich genau geregelt.

Nicht selten nehmen Menschen, die eine weitere Ausbildung machen, viel Mühe auf sich, sind oft nebenbei voll berufstätig und haben dazu Haushalt und vielleicht auch Kinder zu versorgen. Was motiviert diese Menschen, freiwillig diese Opfer auf sich zu nehmen?

Vielerlei Motive können dafür ausschlaggebend sein, seien es Erwartung an einen befriedigenderen weiteren Berufsweg, an eine größere berufliche Erfüllung, daran, noch etwas lernen zu wollen, bessere Job- und Gehaltschancen am immer enger werdenden psychosozialen Arbeitsmarkt zu finden, und noch vieles mehr.

Natürlich entscheiden sich ebenso „Quereinsteiger/innen“ dafür, einen psychosozialen Berufsweg einzuschlagen. Sie haben häufig ebenso Ausbildungen und Berufserfahrung hinter sich, nur dass sie diese bislang in einer anderen Branche absolvierten. Auch sie werden durch individuelle Gründe zu dieser oft weitreichenden Veränderung in ihrem Leben motiviert.

Verbindend zwischen den Ausbildungskandidatinnen/Ausbildungskandidaten von den verschiedenen psychosozialen Ausbildungseinrichtungen kann sein:

- eine bereits absolvierte Ausbildung
- ein höheres Lebensalter
- eine höhere Lebenserfahrung
- eine höhere Berufserfahrung
- eventuell ein stabilerer familiärer Hintergrund (fixe Partnerschaften, Kinder, u.ä.)
- differenzierte Berufsvorstellungen, u.a.

Dies alles kann sich auf das Klima in sogenannten Erwachsenenbildungseinrichtungen auswirken. Einerseits kann ein daraus resultierender partnerschaftlicher Umgang mit den Studentinnen/Studenten zu finden sein. Andererseits jedoch kann die Kluft zwischen Lehrkörper und den „erwachsenen Schülerinnen/Schülern“ zu besonders angespannten Situationen führen, in denen sich die Studierenden bevormundet und nicht adäquat erwachsen behandelt und der Lehrkörper sich nicht genug respektiert und als Fachpersonal anerkannt fühlt.

Wesentlich scheint zu sein, dass erwachsene, lebens- und berufserfahrene Studentinnen einen spezifischen Umgang brauchen und die Erwachsenenbildung diesbezüglich vor einer großen Herausforderung steht. Auch wirkt sich dies in den Supervisionsforen der Ausbildungseinrichtungen aus.

Praktikumssupervision

Praktikumssupervision innerhalb der Ausbildungseinrichtung

Neben den bereits zuvor beschriebenen Kriterien muss auch hier dem Umstand der zumeist fortgeschrittene Lebens- und Berufserfahrung sinnvoll im Aufbau der Praktikumsbetreuung Rechnung getragen werden. Zusätzlich sollte größtmögliche Transparenz bezüglich der Kontroll- und Informationspflichten der Supervisorin/des Supervisors zum Lehrkörper und zur Ausbildungsleitung bestehen und versucht werden, innerhalb dieser Grenzen ein stabiles Vertrauensverhältnis zu etablieren.

Praktikumssupervision innerhalb der Praktikumsstelle

Neben den Grundsätzen, die bereits im Kapitel „Die psychosoziale Ausbildung" und „Praktikumssupervision innerhalb der Praktikumsstelle" dargestellt wurden, kann der psychosozialen Zusatzausbildung der bedeutende Faktor des oft bereits fortgeschrittenen Lebensalter der Praktikanten/Praktikantinnen und die – wie bereits zuvor beschriebenen – daraus resultierenden Einflussfaktoren zukommen.

Lehrsupervision (Kontrollsupervision) im Rahmen von psychotherapeutischen Ausbildungen

Zur Verfassung dieses Abschnittes werden beispielhaft die Lehr- bzw. Kontrollsupervision im Rahmen von psychotherapeutischen Ausbildungen, die einen psychosozialen Grundberuf voraussetzen, beleuchtet.

In Hinblick auf die Beratungsform Supervision unterscheiden sich Ausbildungssupervisionen von Supervisionen, die sich mit Problemen aus der laufenden Praxis von den in der Arbeitspraxis stehenden Professionistinnen/Professionisten befassen (Vgl. Linke 2002: 25f. In Vogt-Hillmann/ Eberling/Dahm/Dreesen [Hrg.] 2002: 23ff).

„Fritz Simon [vgl. Simon 1993: 36] nennt die Ausbildungssupervision/Praxisanleitung „Führerschein-Supervision", einen Initiationsritus, der der Kontrolle der Einhaltung professioneller Normen gilt. In dieser Art der Supervision herrscht ein Machtgefälle. Der Supervisor trägt ein hohes Maß an Verantwortung dafür, dass der Ausbildungskandidat die Klienten nicht schädigt." (Vgl. Linke 2002: 26. In Vogt-Hillmann/ Eberling/Dahm/Dreesen [Hrg.] 2002: 23ff).

Durch das Machtgefälle und den Kontrollauftrag durch den Ausbildungskontext kann sich die/der Supervisandin/Supervisand schnell unter Druck fühlen, nicht offen, spontan und ehrlich ihre/seine Arbeit zu reflektieren zu können.

„Schlimmstenfalls beschreibt der Supervisand „...nicht, was er im Kontakt mit seinen Klienten getan, gedacht oder gefühlt hat, sonder was er meint, was er nach Ansicht seines Prüfers hätte tun, denken oder fühlen sollen“ (Simon 1993 In Neumann-Wirsig & Kersting 1993: 36 Zit In: Linke 2002: 26. In Vogt-Hillmann/ Eberling/Dahm/Dreesen [Hrg.] 2002: 23ff .

Die Lehrsupervision stellt das zentrale Forum dar, an der eigenen Arbeit zu lernen, Erfahrungen zu machen und diese kompetent zu reflektieren, um den Anforderungen des zukünftigen Berufsfelds adäquat gegenübertreten zu können. Nicht zuletzt obliegt es der Ausbildungseinrichtung, ihre Studentinnen/Studenten bestmöglich dafür auszubilden.

„Die Supervision während meiner analytischen Ausbildung dann so zu gestalten, dass ich aus ihr Nutzen zog *und* meine Ausbilder keinen schlechten Eindruck von mir hatten, erschien mir danach nicht mehr sonderlich schwierig. Immerhin kann das Ausbildungsinstitut durch verschiedene Maßnahmen die Gefahr vermindern, dass die vorgeschriebene Supervision zu einem fruchtlosen Ritual wird. Der Supervisor sollte frei gewählt sein und ohne nachteilige Folgen gewechselt werden können. Er sollte selbst [beispielsweise im Rahmen einer Kollegengruppe] die eigene Praxis reflektieren.“ (Vgl. Schmidbauer 1996: 86. In: Brandau 1996 [Hrg.]: 81ff.).

Dem entsprechend sollte den Rahmenbedingungen für eine gelungen Lehrsupervision auf verschiedenen Ebenen entsprochen werden und auch hierbei wieder die spezifischen Eigenschaften der zu supervidierenden Studentinnen/Studenten berücksichtigt werden:

- Wahrung der Intimsphäre, der Vertraulichkeit und das Vertrauen für ein offenes Besprechen und Reflektieren der eigenen Fallarbeit durch
- Selbstauswahl der/des Supervisorin/Supervisors nach bestimmten Kriterien der Ausbildungseinrichtung
- Bildung kleiner Arbeitsgruppen mit selbstgewählten Supervisorinnen /Supervisoren
- Transparenz der Arbeits- und Kommunikationsebene der/des Supervisorin/Supervisors zum Lehrkörper und zur Ausbildungsleitung
- Transparenz der Informationspflicht zur Ausbildungsleitung
- Wahrung der Vertrauensbildung durch Transparenz

- Verantwortungsübernahme, Begleitungs,- und Vorbereitungsarbeit zu leisten und sowohl die/den Studentin/Studenten als auch ihre Klientel möglichst vor Fehlerquellen zu schützen
- Verantwortungsübernahme bezüglich Trennung von Selbsterfahrung und Supervision

„WIE KANN ES WEITERGEHEN?"
Die Veränderung der Institution

Franziska

Franziska hat nun bereits, wenn man das Propädeutikum mitzählt, sechs Ausbildungsjahre hinter sich gebracht. Ebenso lange arbeite sie nun auch schon in dem privat geführten therapeutischen Wohnheim für psychisch kranke junge Erwachsene.

Durch die private Trägerschaft entstehen viele Vorteile, die Autonomie und Unabhängigkeit ermöglichen, anderseits zeigen sich auch Schattenseiten einer solchen Organisationsform. Die Hauptprobleme bestehen vor allem in der finanziellen Abhängigkeit von den zuweisenden Behörden und andererseits in einem branchentypischen Kompetenzchaos, da es keine explizite Leitung gibt und „jede/r für alles" zuständig ist.

Bislang hat diese Organisationsform gut funktioniert, da sie von einem kleinen, überschaubaren Team verwaltet wurde, nun will sich die Einrichtung jedoch vergrößern, was eine umfangreiche Reform nötig zu machen scheint. Um sich nicht in den Details zu verlieren und potenzielle Konflikte bearbeiten zu können, wird eine Organisationsberaterin gesucht, die das Team bei ihrem Prozess begleiten könnte.

Tatsächlich findet sich bald darauf eine Organisationsberaterin, die vorwiegend in wirtschaftlichen Betrieben tätig ist und die sich bereit erklärt, eine Veränderung der Institution zu begleiten.

Was zunächst wie eine gleichberechtigte Zusammenarbeit aussieht, wandelt sich in eine tiefgehende Analyse der Schwachstellen der Institution, aus dem folgernd ein umfassender Reformplan mit zahlreichen Umstrukturierungsempfehlungen resultiert. Das Team, das gewöhnt ist, alles selbst zu managen, empfindet seine bisherige Arbeit als nutzlos und ineffizient abgewertet und sieht sich weder anerkannt noch partnerschaftlich in die neuen Konzepte involviert.

Es entsteht ein massiver Widerstand, letztlich wird das Arbeitsverhältnis mit der Organisationsberaterin beendet. Durch die große Kränkung, die entstanden ist, können die Lösungsansätze weder akzeptiert, noch umgesetzt werden. Sie werden verworfen, die Reform wird auf eigene Faust versucht.

Begriffsklärung: Klassische Organisationsentwicklung (OE)

Klassische Organisationsentwicklung (OE) orientiert sich nach drei Grundprinzipien (vgl. Krumböck 2006): Erstens richtet sie ihren Fokus auf die Menschen der Institution („Menschenorientierung") und geht davon aus, dass Menschen grundsätzlich motiviert und lernwillig sind und somit auch in eine Veränderung involviert werden können. Zweitens wird der Fokus auf die Veränderung gelegt („Veränderungsorientierung"), in dem das *Wie* von Prozessen mit dem *Was* gleichberechtigt einhergeht (Berater/innenrollen). Drittens zielt der Fokus auf den Bezug auf das Gesamtsystem der Organisation, wobei hier die Organisation in ihren unterschiedlichen Aspekten und Zusammenhängen betrachtet wird (zB. Struktur, Kultur, etc.).

Die Ziele orientieren sich einerseits nach der Organisation (Leistung, Produktivität), der Effektivität, Effizienz und Innovationskraft, andererseits nach den Mitarbeiterinnen (Motivation, Zufriedenheit), der Humanisierung der Arbeit, der Autonomie der Mitarbeiterinnen und deren Selbstverwirklichung (vgl. ebenda).

Klassische Organisationsentwicklung (OE) ist somit ein Konzept zur Veränderung von Organisationen, das sich durch eine zweifache Zielsetzung und drei Grundprinzipien kennzeichnet. Die klassische OE zielt immer auf die Verbesserung der Organisation (Effektivität, Effizienz, Innovationskraft), aber auch auf die Arbeitszufriedenheit der MitarbeiterInnen (Humanisierung der Arbeitswelt) ab. In ihren Arbeitsprozessen orientiert sie sich an drei Säulen (vgl. Heimerl/ Loisel: 2005: 309):

(1) Menschenorientierung („Betroffene zu Beteiligten machen"),
(2) Gesamtsystembezug (Prinzip der umfassenden Organisationsdiagnose) und
(3) Veränderungsprozessorientierung

Paradigmatisch basiert die klassische Organisationsentwicklung (OE) auf dem Organismusmodell der Organisation (Open-System-Approach), somit wird von einer grundsätzlichen Diagnostizier- und Gestaltbarkeit von Organisationen ausgegangen (vgl. ebenda: 311).

Begriffsklärung: Systemische Organisationsentwicklung

Im Rahmen systemischer Organisationsentwicklung (vgl. dazu etwa Königswieser/Exner 2004, Varga von Kibéd/Sparrer 2005) gehen die systemischen Berater/innen davon aus, dass die Ressourcen und das Potential in der Organisation bereits vorhanden sind und gefördert werden müssen. Es wird ein Selbstregulationsmechanismus von Systemen vorausgesetzt. Die Grundprinzipien systemischer Organisationsentwicklung orientieren sich an den Theoriemodellen komplexer Systeme, einer beschränkten Gestaltbarkeit, einer Neutralität gegenüber dem Humanisierungsanspruch, einer Balance zwischen Bewahren und Veränderung und den Interventionsmethoden der systemischen Therapie (vgl. Krumböck 2006).

Paradigmatisch basiert die systemische Organisationsentwicklung auf der Theorie komplexer sozialer Systeme und fokussiert im Gegensatz zur klassischen Organisationsentwicklung die Annahme beschränkter Gestaltbarkeit sozialer Systeme (Handhabbarkeit, indirekte Steuerung über Wahrnehmung und Rahmenbedingungen), weiters die Balance von Veränderung und Bewahrung in Form einer direkten Abhängigkeit voneinander und Neutralität gegenüber dem Humanisierungsanspruch. Was für das System „sinnhaft" und „gut" ist, entscheidet somit stets das System selbst. Das fachliche Spektrum an Interventionsmethoden orientiert sich an systemischen Therapieansätzen (vgl. Heimerl/ Loisel 2005: 311).

Organisationsentwicklung in psychosozialen Institutionen

Non-Profit-Organisation (NPO`s) grenzen sich von öffentlichen Organisationen (zB. Gebietskörperschaften, Schulen, Spitäler, u.a.) und von „privaten" Organisationen (beispielsweise Unternehmen) ab und sind meistens durch formale Merkmale gekennzeichnet. Sie haben ein Mindestmaß an formaler Strukturierung, sie definieren sich durch eine „Nichtstaatlichkeit", sie haben ein Gewinn*ausschüttungs*verbot (nicht Gewinn *-erzielungs*verbot), sie besitzen ein Minimum an Selbstverwaltung bzw. Entscheidungs-autonomie und setzen oft ein Mindestmaß an Freiwilligkeit (Ehrenamtlichkeit) ihrer Mitglieder (zB. Funktionäre, Mitarbeiter, Vereinsmitglieder, Spender) voraus (vgl. Heimerl/Loisel 2005: 308f.).

Bestimmte Phänomene sind häufig bei Non-Profit-Organisationen zu beobachten, wie beispielsweise eine Art „Mehrsprachigkeit" und Mehrdimensionalität, die Setzung bzw. Akzeptanz grenzenloser Aufgaben, ein hohes intrinsisches Motivationspotential, aber auch die Tendenz zur Selbstausbeutung, sowie unterschiedliche Mitarbeiter/innenkategorien. Häufig bestehen intensive

Ressentiments gegenüber betriebswirtschaftlichen Konzepten und formalen Regelungen, ebenso besteht zumeist eine Triade von Anbieter-Zahler-Konsument, was zu einem hohen Spannungsfeld führt. Non-Profit-Organisationen sind nicht selten abhängig von privatem Sponsoring einerseits und andererseits von öffentlichen Geldern (vgl. ebenda).

Wer psychosozialen Non-Profit-Organisationen das erste Mal begegnet, einen betriebswirtschaftlich orientierten Hintergrund hat und bislang noch nie mit solchen Institutionen bzw. solchen Phänomenen zutun hatte, ist in der Regel fassungslos, ...

1) „...dass es so etwas überhaupt gibt..."
2) „...dass so etwas überhaupt funktionieren kann..."
3) „...dass so etwas schon so lange funktionieren konnte..."

Wird nun in einer Krise der Institution eine Person als Fachkraft hinzugezogen, der diese Phänomene nicht vertraut sind, können Irritationen und Spannungen entstehen und einen gelungenen gemeinsamen Prozess beeinträchtigen. Sowohl die Fachperson, als auch das sich (vielleicht als basisdemokratisch agierend) verstehende Team können sich schnell unverstanden und entwertet fühlen.

Der Impuls der Fachperson nach einer schnellen Lösung aus der Krise kann naheliegen, wenn die Strukturen nach außen so verwaschen, unklar und ineffizient erscheinen, so dass allein durch deren Behebung sofort eine Verbesserung der Situation eintreten müsste.

Der Impuls auf der Seite des Teams zum schnellen Widerstand und zur raschen Beendigung des Kooperationsverhältnisses kann ebenso naheliegen. Das Aufgeben der eigenen Werte als Basis für eine Organisationsumstrukturierung erscheint häufig undenkbar und kann an den Grundfesten der eigenen Ideale und an denen der Institution rütteln.

Schnell können Gefühle des Unverständnisses, der Kränkung und der Missachtung der eigenen Werte und bisher geleisteten Arbeit, welche zudem meist mit großem persönlichem Einsatz bewältigt wurde, entstehen. Psychosoziale Institutionen überleben oft durch das hohe Engagement ihrer Mitarbeiter/innen, da sie von (nicht immer verlässlich zugewendeten) öffentlichen Geldern abhängig sind und sich somit hauptsächlich auf sich selbst verlassen müssen.

Psychosoziale Einrichtungen scheinen also alternative Organisationsentwicklungsansätze zu brauchen, wollen sie den genannten Phänomenen Rechnung tragen und als hilfreich für die Institution und deren Mitglieder erlebt werden. Hiefür scheint sich besonders der systemische Organisationsentwicklungsansatz zu eignen.

Durch die Voraussetzung der Annahme, dass die Ressourcen und das Potential in der Organisation bereits vorhanden sind, wird ein Selbstregulationsmechanismus von Systemen impliziert, was von der Einrichtung als sehr erleichternd und entlastend erlebt werden kann.

Es wird versucht, eine Balance zwischen Bewahren und Veränderung herzustellen. Die systemische Organisationsentwicklung fokussiert im Gegensatz zur klassischen Organisationsentwicklung die Annahme, dass soziale Systeme nur bedingt gestaltbar sind und dass die Sinnstiftung über „richtig“ oder „falsch“ vom System selbst getroffen wird. Hierfür wird auf der Basis der systemischen Grundsätze das systemische Handlungs- und Methodenrepertoire zum Einsatz gebracht (vgl. dazu etwa Heimerl/Loisel 2005 und Krumböck 2006).

NACHWORT

Danke, Franziska!

Franziskas Geschichte endet an einem bestimmten Lebenspunkt. Um sie abzuschließen, müssten wir ihre Zukunft kennen, die uns aber verborgen bleiben wird. Ich wünsche ihr, dass sie beruflich noch viele positive Erfahrungen machen wird und dass Supervisions-, Coachings- und Organisationsentwicklungsprozesse sie dabei unterstützen und bereichern werden.

Franziska hat mich durch ein breites Spektrum der verschiedensten Handlungsfelder von Supervision, Coaching und Organisationsentwicklung geführt. Ich möchte mich herzlich bei ihr dafür bedanken!

Was trennt nun Franziska und mich und was verbindet uns? Franziska und ich haben eines gemeinsam: wir haben einen ähnlichen Ausbildungs- und Berufsweg absolviert. Das heißt jedoch nicht, dass ich alle beschriebenen Erfahrungen selbst erlebt habe. Vieles konnte ich beobachten oder habe es im Laufe meiner Tätigkeit bei anderen Menschen mit verfolgt.

Meine Praktika habe ich in anderen Einrichtungen als Franziska verbracht, was uns jedoch verbindet ist, dass wir jede der beschriebenen Arten von Praktikum mit jeder beschriebenen Art der Praktikumsbetreuung erlebt haben.

Meine eigene Erfahrung mit der Tätigkeit in einer Behörde war von einer sehr wohlwollenden und kollegialen Teamarbeit geprägt, ich konnte jedoch an anderen Stellen auch sehr destruktive Prozesse beobachten.

Sowohl Franziska als auch ich kennen uns mit Non-Profit-Organisationen ziemlich gut aus und haben mit Leuten, die vorschnell über deren „Unprofessionalität“ urteilen, unangenehme Erfahrungen gemacht haben. Mir ist bewusst, dass diese Organisationsform neben zahlreichen Vorteilen auch viele Problemfelder aufwirft, mit denen ich mich selbst schon seit langem beschäftige.

Meine „Zusatzausbildung“ habe ich zwar - wie Franziska – in einem Fachspezifikum für Systemische Therapie absolviert, ansonsten ist das dort Beschriebene hauptsächlich Beobachtetes, das ich als wichtig erachte.

Das Privatleben Franziskas ist völlig unabhängig von meinen familiäre Erfahrungen und dient vor allem dazu, den Weg, die Gründe und Motivation eines Menschen zu begleiten, sich für eine Laufbahn im psychosozialen Arbeitsfeld zu entscheiden. Persönlich haben Franziska und ich keinerlei Berührungspunkte.

Sämtliche Supervisorinnen/Supervisoren oder Begleitpersonen von Franziska entsprechen nicht den Menschen, die mich real begleitet haben, sie sind jedoch inspiriert von Fachleuten, die mir im Laufe meine Lebens begegnet sind und die mir nachhaltig im Gedächtnis geblieben sind.

Was Franziska und ich im Laufe der Jahre gleichermaßen erlebt haben, sind bestimmte Rahmenbedingungen und Einflussfaktoren, die zum Gelingen oder Scheitern unserer jeweiligen Supervisionsprozesse beigetragen haben.

Ich möchte abschließend noch kurz auf die (mir) wichtigsten Punkte eingehen:

Sympathie

Meiner Ansicht nach sind die gegenseitige Sympathie und die sogenannte „Chemie" mindestens ebenso wichtig für einen produktiven Prozess, wie beispielsweise eine gemeinsame fachliche Ausrichtung oder geteilte Arbeitserfahrungen.

Ich kann mich an Supervisorinnen und Supervisoren erinnern, die allen fachlichen Kriterien entsprochen hätten, die mich aber menschlich einfach nicht gewinnen konnten. Manchmal hat sich das im Laufe des Supervisionsprozesses noch verändert, meistens ist es jedoch hinderlich geblieben.

Auch kenne ich genug Beispiele, wo die Chemie stimmt, aber die formalen Kriterien. nicht den vorgegeben Richtlinien entsprechen. Dieser Fall ist immer bitter und führt oft genug dazu, dass Supervisionen abgebrochen bzw. nicht begonnen werden, da sie formal nicht anerkannt werden würden.

Motivation

Ich habe es vielfach als sehr angenehm und äußerst unterstützend empfunden, wenn ich von meinen Supervisorinnen/Supervisoren neben einem kompetenten fachlichen Beratungsprozess auch menschlichen Zuspruch und Motivation für die Erreichung meine Ziele erfahren habe. Ich würde mir von jeder weiteren erfolgreichen Supervision in meinem Arbeitsleben ähnliches wieder erhoffen.

Arbeitsklima

Natürlich ist Supervision ein professionelles Geschehen, aber es geschieht immer zwischen Menschen. Demnach ist die Qualität des Arbeitsklimas wichtig und sollte nicht vernachlässigt werden. Es beeinträchtigt meiner Meinung nach nicht den professionellen Arbeitsprozess, den Supervisandinnen/Supervisanden ein Glas Wasser oder Tee anzubieten.

Wenn diese sich erschöpft nach getaner Arbeit zur Supervisionssitzung einfinden, kann dies erfreuen und beleben. Solange man professionelles Geschehen nicht mit Freundschaft, Kaffehausgesprächen oder oberflächlichen Smalltalk verwechselt, möchte ich durchaus dazu ermuntern, auch in dieser Hinsicht ein angenehmes Arbeitsklima zu etablieren.

Vertrauen, Transparenz und Qualität

Gute Supervision basiert auf Vertrauen und Transparenz und benötigt eine gute Portion Menschlichkeit. Ich habe es immer als sehr förderlich empfunden, wenn ich bei meinen Supervisorinnen/Supervisoren gespürt habe, dass meine Ängste, Zweifel und Überlegungen bei ihnen gut aufgehoben sind und unbedingt vertraulich behandelt werden.

In Hinblick auf Ausbildungskontexte sollte hier, wie bereits in meiner Arbeit zuvor ausgeführt, noch einiges dazu getan werden, um größtmögliche Klarheit und Transparenz zu erreichen, um eine gelungene Vertrauensbasis zu gewährleisten.

Gemeinsame Werte

Es mag nicht allgemein gültig sein, aber meiner Erfahrung nach ist es durchaus von Bedeutung, ob die Wertehaltungen zwischen Supervisor/in und Supervisand/in in den wichtigsten Eckpunkten übereinstimmen oder nicht. Damit ist zum Beispiel die grundsätzliche Haltung zur psychosozialen Arbeit, zur Klientel, zu politischen Umständen, zu sozialen Missständen, u.ä. gemeint.

Ähnliche fachliche Ausrichtung/Ausbildungen

Ähnliche fachliche Ausrichtungen der Supervisorinnen/Supervisoren und ihrer Supervisandinnen/ Supervisanden sind im Zeitalter der „Listen", die die zu anerkennenden Kriterien festlegen (zB im Ausbildungskontext), oft unvermeidlich geworden. Meistens sind sie durchaus sinnvoll und würden auch ohne „Listenzwang" angestrebt werden, da sie größtmöglich garantieren, dass man in seinem eigenen fachlichen Ansatz verstanden, unterstützt und gefördert wird.

Schade ist, dass es dadurch zu wenig Verständnis und Austausch mit anderen therapeutischen Schulen kommt und es nicht immer einer gleichen therapeutischen Schule bedarf, um einander zu unterstützen und zu verstehen.

Ähnliche berufliche Erfahrungen

Ich habe es meistens als sehr bereichernd erlebt, wenn meine Supervisorinnen/Supervisoren Arbeits-Vorerfahrungen in ähnlichen Berufsfeldern, wie den meinen, mitgebracht haben. Dem liegt aber zugrunde, dass ich in diesen Fällen immer davon überzeugt war, dass sie in dieser Arbeit gut und kompetent waren, sich intensiv damit auseinander gesetzt haben und ich somit von ihren Erfahrungen profitieren konnte, auch wenn sie mir meine eigene Entwicklungsschritte nicht abnehmen konnten.

Ich denke, dass es vielen Supervisandinnen/Supervisanden so geht, ein ähnliches berufliches Erfahrungsspektrum ihrer Supervisorinnen/Supervisoren als angenehm und bereichernd zu empfinden.

Dauer/Abschied

Supervision ist ein zeitlich begrenztes professionelles Geschehen und sollte nach einem produktiven Prozess auch sein berechtigtes Ende finden können und dürfen. Oft ist es schwer, seine/n „ideale/n Spervisor/in“ zu finden und so lässt man sie vielleicht auch ungern wieder gehen. Trotzdem ist es wichtig, sich in seinem beruflichen Leben auch immer wieder auf neue, spannende und produktive Supervisionsprozesse einzulassen. Mein berufliches Leben haben sie sehr bereichert.

Einige meiner Supervisorinnen/Supervisoren, die mich begleitet haben, sind mir im Laufe meines beruflichen Lebens sehr wichtig geworden und ich möchte mich bei ihnen sehr herzlich bedanken. Sie haben mich gestützt, gefördert und motiviert, und manche sind mir zum Vorbild geworden, beruflich professionell und kompetent zu agieren und dabei Mensch zu bleiben.

Ihnen sei diese Arbeit gewidmet.

LITERATUR

BRANDAU, Hannes/SCHUERS, Wolfgang (1995): Spiel- und Übungsbuch zur Supervision Otto-Müller-Verlag: Salzburg-Wien

BRANDAU, Hannes (Hrg) (1996): Supervision aus systemischer Sicht Otto-Müller-Verlag: Salzburg-Wien

BRANDAU, (1996): Supervisison als Koevolution oder Sokrates als Supervisor. In: BRANDAU, Hannes (Hrg) (1996): Supervision aus systemischer Sicht. Otto-Müller-Verlag: Salzburg-Wien. S. 11-42

BUCHINGER, Kurt (1998): Supervision in Organisationen. Den Wandel begleiten. Carl-Auer- Systeme Verlag: Heidelberg

BUCHINGER, Kurt (1999): Die Zukunft der Supervision - Die Zukunft der Arbeit. Aspekte eines neuen "Berufs. Carl-Auer-Systeme Verlag: Heidelberg

EBBECKE-NOHLEN, Andrea (2009): Einführung in die systemische Supervision. Carl Auer Verlag: Heidelberg

EBERLING, Wolfgang/HARGENS, Jürgen (Hrg) (1996): Einfach kurz und gut. Zur Praxis der lösungsorientierten Kurztherapie. Borgman-Verlag: Dortmund

EBERLING, Wolfgang/HARGENS, Jürgen (Hrg) (2003): Einfach kurz und gut. Teil 2. Ressourcen erkennen und nutzen. Borgman-Verlag: Dortmund

DEPNERING, Wilfried (2002): Von der Psychotherapie zum Coaching. In: VOGT-HILLMANN, Manfred/EBERLING, Wolfgang/DAHM, Michael/ DREESEN, Heinrich (Hrg) (2002): Gelöst und Los! Systemisch-lösungsorientierte Perspektiven in Supervision und Organisationsberatung. Borgmann -Verlag: Dortmund. S.75-86

GEISBAUER, Wilhelm (Hrg) (2004): Reteaming. Methodenhandbuch zur lösungsorientierten Beratung. Carl- Auer Verlag: Heidelberg

HARGENS, Jürgen (2002): Supervision-ressourcen-orientiert. Ein Modell für die klinische Arbeit?! In: VOGT-HILLMANN, Manfred/EBERLING, Wolfgang/DAHM, Michael/ DREESEN, Heinrich (Hrg) (2002): Gelöst und Los! Systemisch-lösungsorientierte Perspektiven in Supervision und Organisationsberatung. Borgmann -Verlag: Dortmund. S. 51-62.

HEIMERL, Peter/LOISEL, Oliver (2005): Lernen mit Fallstudien in der Organisations- und Personalentwicklung. Anwendungen, Fälle und Lösungshinweise. Linde-Verlag: Wien

KERSTING, Heinz (2002): Supervision in Arbeitssystemen. In: VOGT-HILLMANN, Manfred/EBERLING, Wolfgang/DAHM, Michael/ DREESEN, Heinrich (Hrg) (2002): Gelöst und Los! Systemisch-lösungsorientierte Perspektiven in Supervision und Organisationsberatung. Borgmann -Verlag: Dortmund. S. 173-184.

KONAS, Elfriede (2001): Coaching. In: SYSTEME, Zeitschrift der Österreichischen Arbeitsgemeinschaft für systemische Therapie und systemische Studien, Jg. 15, Heft1/2001, S. 69 - 84

KÖNIGSWIESER, Roswitha/EXNER, Alexander (2002): Systemische Interventionen; Architekturen und Designs für Berater und Veränderungsmanager. Beratergruppe Neuwaldegg. Klett-Cotta-Verlag: Stuttgart

KRONBICHLER, Rudolf (2001): Geschichte, Diskurs und Position: Ein konzeptueller Rahmen für eine narrativ orientierte Supervision. In: SYSTEME: Zeitschrift der Österreichischen Arbeitsgemeinschaft für systemische Therapie und systemische Studien, Jg. 15, Heft1/2001, S. 3-27.

KRUMBÖCK, Ruth (2006): Organisationsentwicklung klassisch. Grundprinzipien/Prozesse. Vorlesung 15.-16.9.2006 bei der Österreichischen Arbeitsgemeinschaft für systemische Therapie und systemische Studien. Wien

LINKE Jürgen (2002): Der Systemische Ansatz in der Supervision. In: VOGT-HILLMANN, Manfred/EBERLING, Wolfgang/DAHM, Michael/ DREESEN, Heinrich (Hrg) (2002): Gelöst und Los! Systemisch-lösungsorientierte Perspektiven in Supervision und Organisationsberatung. Borgmann -Verlag: Dortmund. S. 23-50.

LOHMANN, Bettina (2004): Effiziente Supervision. Praxisorientierter Leitfaden für Einzel- und Gruppensupervision.. Schneider Verlag: Hohengehren

LOOSS, Wolfgang (2001): Unter vier Augen: Coaching für Manager. 6. Auflage: Moderne Industrie: München

MÜLLER, Gabriele/HOFFMANN, Kay (2003): Systemisches Coaching. Handbuch für die Beraterpraxis. Carl-Auer-Systeme Verlag: Heidelberg

NEUMANN, Karin (2006): Lexikon systemischer Interventionen. Psychotherapeutische Techniken in Theorie und Praxis. Krammer-Verlag: Wien

NEUMANN-WIRSIG, Heide (Hrg) (2009): Supervisions-Tools. Die Methodenvielfalt der Supervision in 55 Beiträgen renommierter Supervisorinnen und Supervisoren. Verlag managerSeminare: Bonn

PSYCHOTHERAPIEGESETZ: ÖSTERREICHISCHES BUNDESGESETZ vom 7. Juni 1990 über die Ausübung der Psychotherapie (Psychotherapiegesetz), vgl. http://www.la-sf.at/la-sf/upload/downloads/Psychotherapie-Gesetz.pdf am 20.2.2012

SCHLIPPE VON, Arist/SCHWEITZER, Jochen (2003): Lehrbuch der systemischen und Beratung. Vandenhoeck & Ruprecht: Göttingen

SCHMIDBAUER, Wolfgang (1996): Antworten auf vier Fragen zur gesellschaftlichen Rolle und Problematik von Supervision. In: BRANDAU, Hannes (Hrg) (1996): Supervision aus systemischer Sicht. Otto-Müller-Verlag: Salzburg-Wien. S.81-87

SCHMIDT, Gunther (2004): Liebesaffären zwischen Problem und Lösung. Hypnosystemisches Arbeiten in schwierigen Kontexten. Carl-Auer-Systeme Verlag: Heidelberg

SCHWERTL, Walter (2002): Teams, ihre Ver- und Entwicklungen – Eine systemische Skizze. In: VOGT-HILLMANN, Manfred/EBERLING, Wolfgang/DAHM, Michael/ DREESEN, Heinrich (Hrg) (2002): Gelöst und Los! Systemisch-lösungsorientierte Perspektiven in Supervision und Organisationsberatung. Borgmann -Verlag: Dortmund. S.105-130

SIMON, Fritz, B. (1993): Hinter dem Eulenspiegel. Warum Supervision ohne Humor witzlos ist. In: H. Neumann-Wirsig, Kersting, H. (Hrg.) (1993): Systemische Supervision. Oder: Till Eulenspiegels Narreteien, Aachen (IBS), S. 22-46.

SIMON, Fritz, B. (1993): Unterscheide, die Unterscheide machen. Suhrkamp: Frankfurt

SPARRER, Insa (2006): Wunder, Lösung und System. Lösungsfokussierte Systemische Strukturaufstellungen für Therapie und Organisationsberatung. Carl-Auer-Systeme Verlag: Heidelberg

THEURETZBACHER, Klaus/NEMETSCHEK, Peter Nemetschek (2009): Coaching und Systemische Supervision mit Herz, Hand und Verstand. Handlungsorientiert arbeiten, Systeme aufbauen. Klett-Cotta Verlag: Stuttgart

VARGA VON KIBÉD, Matthias/SPARRER, Insa (2005): Ganz im Gegenteil. Tetralemmaarbeit und andere Grundformen systemischer Strukturaufstellungen. Für Querdenker und solche, die es werden wollen. Carl-Auer-Systeme Verlag: Heidelberg

VOGT-HILLMANN, Manfred/EBERLING, Wolfgang/DAHM, Michael/ DREESEN, Heinrich (Hrg) (2002): Gelöst und Los! Systemisch-lösungsorientierte Perspektiven in Supervision und Organisationsberatung. Borgmann -Verlag: Dortmund

WEHRLE. Martin (2010): Die 100 besten Coaching-Übungen. Das große Workbook für Einsteiger und Profis zur Entwicklung der eigenen Coaching-Fähigkeiten.. Verlag managerSeminare: Bonn

YALOM, D. Irvin (2003): Was Hemingway von Freud hätte lernen können. Das große Yalom-Lesebuch. btb- Verlag: München

Printed by Books on Demand GmbH, Norderstedt / Germany